全国小学生校园美文精品集萃丛书

七色阳光
小少年

流泪的狗尾草

《语文报》编写组 编

时代文艺出版社

图书在版编目（CIP）数据

流泪的狗尾草/《语文报》编写组编．—长春：时代文艺出版社，2018.8（2023.6重印）
（"七色阳光小少年"全国小学生校园美文精品集萃丛书）

ISBN 978-7-5387-5846-7

Ⅰ.①流… Ⅱ.①语… Ⅲ.①作文－小学－选集 Ⅳ.①H194.4

中国版本图书馆CIP数据核字（2018）第110015号

出 品 人　陈　琛
产品总监　郭力家
责任编辑　王　峰
助理编辑　史　航
装帧设计　孙　利
排版制作　隋淑凤

本书著作权、版式和装帧设计受国际版权公约和中华人民共和国著作权法保护
本书所有文字、图片和示意图等专有使用权为时代文艺出版社所有
未事先获得时代文艺出版社许可
本书的任何部分不得以图表、电子、影印、缩拍、录音和其他任何手段
进行复制和转载，违者必究

流泪的狗尾草

《语文报》编写组 编

出版发行 / 时代文艺出版社
地址 / 长春市福祉大路5788号　龙腾国际大厦A座15层　邮编 / 130118
总编办 / 0431-81629751　发行部 / 0431-81629758
官方微博 / weibo.com / tlapress
印刷 / 北京一鑫印务有限责任公司
开本 / 700mm×980mm　1/16　字数 / 153千字　印张 / 11
版次 / 2018年8月第1版　印次 / 2023年6月第5次印刷　定价 / 34.80元

图书如有印装错误　请寄回印厂调换

编委会

主　　编：刘应伦

编　　委：刘应伦　赵　静　李音霞
　　　　　郭　斐　刘瑞霞　王素红
　　　　　金星闪　周　起　华晓隽
　　　　　何发祥　朱晓东　陈　颖
　　　　　段岩霞　刘学强

本册主编：吴应海

目 录

爱的方程式

我有我的精彩 ……… 王　韬 / 002

新同桌 ……… 丁玉玲 / 003

打蟑螂 ……… 李　璇 / 005

一次难忘的面试 ……… 吴　琼 / 006

今夜秋思落我家 ……… 周　凌 / 008

流泪的狗尾草 ……… 吴子湛 / 010

我有四个心愿 ……… 刘　敏 / 011

祖奶奶，你永远在我身边 ……… 韩　城 / 012

快乐一家人 ……… 杨　佳 / 014

我跟外婆学语文 ……… 田　甜 / 016

在双休日里 ……… 高　昕 / 018

美丽的花蝴蝶 ……… 张阿敏 / 019

一把红伞 ……… 杨　茗 / 021

种草莓的小女孩儿 ……… 程玉玲 / 022

为失败的她点赞 ……… 李雅玟 / 025

她深深地留在我的记忆里 .... 李　钰 / 027

"教训"妈妈 .... 孔　海 / 029

爱的方程式 .... 施佳佳 / 031

辛苦的妈妈 .... 时　靖 / 032

母爱 .... 孔维民 / 033

外婆的糍粑 .... 李　梅 / 035

爱的纸条 .... 李昊然 / 036

快乐的中秋节 .... 杨　梅 / 038

细节藏爱 .... 许冬梅 / 040

心中的珍藏

家乡变了 .... 张明丽 / 044

感谢您的恩赐 .... 殷大勇 / 045

乡村 .... 严　雨 / 047

秋 .... 王浩然 / 048

让座风波 .... 王莉华 / 049

童年傻事 .... 陆文琴 / 051

难忘那失望的眼神 .... 李清清 / 052

老大爷 .... 何玉洁 / 054

烛光里的妈妈 .... 丁学良 / 055

刻在心底的"感恩" .... 刘　星 / 057

家和万事兴 .... 李小娴 / 059

妈妈，我想对您说 .... 沈媔媔 / 060

成功是用汗水换来的 .... 赵　雅 / 062

一份特殊的报纸 .... 肖　海 / 064

虽败犹荣 ········ 邹 霁 / 066

松绑 ········ 张悦文 / 067

感动 ········ 陈春花 / 069

老土理发店 ········ 王 妍 / 070

朱记水饺店 ········ 赵丽晴 / 072

心中的珍藏 ········ 许晨露 / 073

在尝试中成长 ········ 郑远大 / 075

长大的感觉 ········ 许光明 / 077

成长回眸 ········ 徐雅诗 / 078

烦恼 ········ 肖 荷 / 081

离别 ········ 雷 蕾 / 082

最美丽的蔷薇 ········ 沈芳竹 / 084

童年趣事 ········ 曾小克 / 086

晒谷记 ········ 王西森 / 087

那一次，我做对了 ········ 刘小燕 / 089

我愿做春天里的一棵小草

假如给我三天自由 ········ 祝 睿 / 092

最浪漫的事 ········ 王宇韬 / 093

我心中的那颗"星" ········ 孙连升 / 095

谁撕了我的书 ········ 陆 坚 / 097

家乡的菊花 ········ 吴子怡 / 099

鱼汤面 ········ 戴浩宇 / 100

难忘那次旅行 ········ 黄 馨 / 102

一捧泥土 ········ 张佳宜 / 103

三十年后的房子 .... 张　平 / 105

我是一只小小鸟 .... 杨　铭 / 107

我和克隆的"我" .... 徐　悦 / 108

我愿做春天里的一棵小草 .... 苟加宝 / 110

爷爷卖蚕茧 .... 吴德清 / 112

幽默的老爸 .... 史小龙 / 114

妈妈快回来 .... 朱清泉 / 116

寻找感动 .... 孙　惠 / 117

美丽的声音 .... 韦　加 / 119

马路天使 .... 吴佳佳 / 121

好声音 .... 王华丽 / 123

生活处处有美丽 .... 孟　桐 / 124

节俭的奶奶 .... 张　章 / 126

爷爷给我送年糕 .... 张　尧 / 127

快乐的爷爷 .... 武小海 / 129

时间都去哪儿了 .... 赵思敏 / 130

鸟儿唱出动听的歌谣

我们的校园真美丽 .... 杨慧玉 / 134

记一次篮球训练 .... 开　朗 / 135

瞧，我这一天的平凡生活 .... 张　岚 / 137

足球风波 .... 徐　军 / 140

我帮奶奶敲黄豆 .... 孙雯雯 / 142

母爱的滋味 .... 朱小真 / 144

小不点儿 .... 吕小伟 / 146

乘车见闻 ……… 李佳龙 / 148

新年来了 ……… 周鹏飞 / 150

这样的婚礼真新鲜 ……… 孔玉海 / 151

"光盘行动"真难 ……… 胡　媛 / 152

参观生态园 ……… 吴　露 / 154

最后一"课" ……… 谭　鑫 / 155

家添"千金" ……… 李　洋 / 157

收割 ……… 丁　丁 / 159

抢收 ……… 吴　慧 / 160

放飞 ……… 肖诗韵 / 162

鸟儿唱出动听的歌谣 ……… 袁伟胜 / 163

当我面对人类的时候 ……… 陆慧敏 / 164

爱的方程式

我不知如何来诠释妈妈对我的爱。妈妈对我的爱就像一个没有解的方程式,因为妈妈给我的爱太多太多了……

我有我的精彩

王 韬

我们这个学习小组一共六个人,除了我之外,其他人好像个个都身手不凡欸。"假小子"张玉姗,别看她个头不太高,可爆发力特强,跑起来犹如脱缰的野马,速度快得惊人,在刚刚结束的学校田径运动会上,一口气拿下了五十米、一百米比赛的两块金牌。"小博士"杨明明写得一手好毛笔字,多次代表学校外出参加比赛,没有哪一次不载誉归来。而"艺术姐"严萌吹拉弹唱无所不精,还会唱歌跳舞,学校只要一有文娱活动,她必定是"主角",算得上是校园里的大明星了。至于奥数高手王滔、"英语通"张仁君,那更是了不得,遇到难题,连老师有时也"谦虚"地征求一下他们的意见。

与他们相比起来,我真是无地自容,惭愧万分啊。你想想,要才没才,要艺没艺,考试成绩又总比他们少那么一点点,这日子咋过?真不知道老师为什么要把我分进这一小组,这不等于把一块丑石放进珍珠堆里吗?

好在天无绝人之路,我这个"咸鱼"翻身的机会终于来了。

上个星期天,我们小组成员一起去看望八十二岁的烈属王奶奶,王奶奶说她想吃饺子。其他人都愣住了,不知如何下手。哈哈,我从小跟会白案的外公一起生活,学会了许多面点的制作,包饺子简直就是小菜一碟。于是，我立刻成了当天午餐的"总指挥"，先指挥他们择、洗韭菜，剁肉末，然后亲自和面，擀饺皮子，再手把手教他们几个如何包"耳朵"饺子。经过近两个小时的紧张"战斗"，我们的饺子宴开始了，品尝着味道鲜美的水饺，王奶奶一个劲儿地夸好吃，他们五个更是佩服得五体投地。而更绝的是，吃完饺子后，我还用剩下的一小块面团，乘兴捏出了美猴王、济公、奔马等小饰品，那栩栩如生的造型，把他们五个的嘴惊得大大的。他们哪里知道，为了学这一手本领，我跟在外公后面苦练了三年多。

呵呵，想不到，我也有我的精彩。看来，只有平时多学习，多积累，关键的时候，就能亮出精彩，让别人刮目相看喔。更主要的是，有时能救急，甚至能救人于危难中。

新　同　桌

丁玉玲

终于调座位了。我的新同桌是谁呢？"张大龙，你坐到这个座位上来。"我看到一个脏兮兮的男生，拎着一个旧书包，躬着腰，从过道里溜到我身旁坐了下来。他的怪样子引来了同学们的一阵哄笑。看着他那张傻乎乎的脸，看着他那像从垃圾堆里捡来的脏衣服，我紧皱眉头，转过脸去，心里暗叹一声：完了，这一学期全完了……

可那条"脏龙"却不以为然，竟然用胳膊碰了我一下："以后请多多关照。"天哪！我毫不犹豫地拿起课本，狠狠地朝他的胳膊砸下去。

"哎哟……"教室里一下炸开了锅。

只见张大龙把眉头夸张得拧成了几道弯,龇着牙咧着嘴,一副痛苦不堪的样子。班主任狠狠地瞪了我一眼,脸沉得快要打雷了。我明显感到自己的脸烫得厉害。整个一节课,我都在愤怒中度过,老师讲的课一句也没听得进去。

下课铃声把我惊醒,只见班主任向我一招手,示意我跟他走。来到教室外,班主任说:"放学后来一趟办公室,我有话跟你说。"

回到教室,只见张大龙正冲着我坏笑,那幸灾乐祸的样子,差一点儿把我的肺都气炸了。这个可恶的人,什么时候才能离我远点儿。

好不容易熬到放学,我怀着忐忑不安的心情来到班主任的办公室,我知道,迎接我的可能是一阵狂风暴雨。

可令人感到奇怪的是,老师并没有痛骂我,甚至数落一下都没有,而是笑眯眯地让我坐下,然后说给我讲了个故事。

讲的什么故事呢?大体内容是,一个小男孩儿非常调皮,班上的女生都对他恨而远之。可新来的语文老师却把漂亮的女儿安排到这个小男孩儿的身边,做他的同桌。这个小男孩儿没少欺侮同桌,老师的女儿也没少和他吵翻。但随着时间的推离,小男孩儿发现同桌对他越来越宽容,还给他讲解难题,送他小肥皂让他回去把手洗干净……后来,小男孩儿渐渐改掉缺点,刻苦学习,考上了师范,当上了老师。

班主任最后告诉我,当年的那个小男孩儿就是他自己。他一辈子感激他当年的同桌,一辈子感激他的语文老师。

我终于明白了班主任的良苦用心,我这个品学兼优的好学生,为什么就不能把张大龙带好呢?

离开办公室,我暗下决心,不把张大龙"拿下",我就不姓"丁"。张大龙,你等着!

打 蟑 螂

李 璇

"啊……"班级里先是传来一声尖叫,紧接着几声怒吼,随后又传来剧烈的碰撞声。这是在中午发生的一件"意外"。

当天,一只史无前例的巨大蟑螂出现在了讲台上,女生们发现后的尖叫连窗外的麻雀都吓飞了,可蟑螂大人却稳坐泰山。

不知是哪个人结结巴巴地说了声:"有……有蟑螂……"男生们的眼睛都放起光来,几乎异口同声地问:"哪里有蟑螂?""讲台上!"张群挥舞着手臂叫道:"是男生就跟我来打蟑螂!"还没等他说完,我们班上那群"不安分子"就已经涌到讲台边了。

"啊?"估计他们是被这么大一只蟑螂吓到了,竟都愣住了。还是张群叫了声:"怎么?打呀?"说着就要脱鞋。

受到了张群的启发,大家立即行动起来,有的用脸盆做盾牌,有的拿着扫把当大刀,有的拿着拖把当长矛,有的拿着抹布当飞镖,有的"手无寸铁",就干脆脱下鞋子,一个个威猛无比。男生"打仗",我们女生当然就只能坐在旁边观战!

教室里一下子热闹起来,刚摆好的桌椅东倒西歪;水桶倾倒在地,里面的水肆无忌惮地在地板上撒野;抹布像国庆节时天上的气球一般满教室飞……整个教室顿时成了垃圾堆。有些打蟑螂的人士好

像喝醉了酒似的，竟用手里的"武器"朝女生打去，吓得女生哇哇乱叫，四处逃窜。

见此情景，劳动委员大怒，一拍桌子吼道："给我打扫干净了！"可在她脚边，蟑螂正欢快地跳着桑巴舞呢。劳动委员发现后一惊，吓得两脚乱跺，一不留神，蟑螂就一命归西了。哈哈！男生们忙了半天还不及女生厉害，看咱们的劳动委员多牛。

为了报答劳动委员的功劳，所有人齐心力打扫卫生，不一会儿，教室就干干净净了。

一次难忘的面试

吴 琼

那是一次令人难忘的面试。

学校"鹤声文学社"要在四年级学生中招新社员，爱好写作的我领了报名表，填好基本情况交给负责宣传的同学。那位六年级同学说："听通知面试！"奇怪，这文学社不就是学习写作吗？搞面试干吗？选美呀？

星期五，文学社公告栏贴出通知，让所有新报名者星期五中午12点到音乐教室门口排队等候面试。我怀揣着一肚子疑惑，按时到达。

终于轮到我了。只见教室前面并排坐着四个六年级同学。最左边的那位是个女生，一脸的笑，眉毛弯得特别好看，真是人见人爱。第二个同学是一个黑脸的男生，身子特别瘦小，但两只眼睛却炯炯有神，他看我时，真像两道闪电射了过来，让人有一种被看透了的感觉。第三个同学则是一个白白净净的胖男生，头发却剪得很短，看上去真有点儿不协调，"脸大肉呆""变形金刚"等词语忍不住从心底冒了出来，还好，我没有脱口而出。最后一位是个女生，脸上则没有表情，特别严肃，不用说，她一准是个头儿了。

难道，这四人就是传说中的"校园四大才子佳人"……

"姓名，年龄，性别，班级……""一脸笑"的女生开口了。

啊？这不是审理犯人吗？这叫啥面试？本人一头披肩长发，明显是个靓女呀，怎么还问性别？再说了，这些信息报名表上不是都有吗？心中的火气直往上蹿，但我还是强压了下去。人在屋檐下，怎能不低头。我故意露出浅浅的微笑，一一做了回答。

"很好。"黑脸男生说道，"现在请你说说为什么要加入我们文学社？挑一篇你觉得写得最优秀的作文说给我们听听？"

这还有点儿像面试的味道。这两个问题对于我来说，简直是小菜一碟，因为我的口齿伶俐实在是出了名的，再说，这之前我就做了准备，对文学社进行了详细的了解，同时还准备了口头作文。

看着滔滔不绝的我，最右边那个女生脸上露出了一丝微笑。我知道我有"戏"了。

果不其然，我刚讲完，右边的女生开口了："你真不错。好，下面进行实践能力考查，请你转过身去，不准回头。"

啊，这面试咋还搞什么实践能力考核，怎么考？难道要现场写一篇作文？这不可能吧，前面的人根本就没有花这么多时间呀？

正当我一头雾水时，背后传来声音，"要求是：请你用生动的语言，按照从左到右的顺序，对我们台上四个人的外貌进行描述。现在开始。"

呵呵，这是考观察能力呢！幸好本姑娘不怯场，一上来就把他们看了够。略一思索，我便开始进行描述："最左边那位姐姐穿着白裙

子，一脸微笑，两只眼睛水灵灵的，特别是那眉毛……"

背后突然想起了掌声，我转过身，只见那名"脸大肉呆"的"变形金刚"竟然激动地站了起来，正鼓着掌呢。可能是我刚才说他胖得像温馨小面包，美了他吧！

结果可想而知，我成了二十名新社员中的一员。这件事告诉我，养成随时观察的习惯真是太重要了。

今夜秋思落我家

周　凌

"今夜月明人尽望，不知秋思落谁家？"又到一年中秋佳节，又到一年相思时，恬静的夜空，圆月高高悬挂，皎洁的月光洒向大地，洒向无数颗思念亲人的心。真不知在这如水的月色中，涌动着多少思情和泪水。

今夜秋思已落我家，伫立在月下，回忆着外公的点点滴滴，我早已泪如雨下。

陪我唱歌、捉迷藏的外公，牵着我的小手去看夕阳的外公，用粗糙的大手抚摸着我，送我入梦的外公——你在哪里？

"外公，天上的月亮好亮呀！怎么好多星星都不见啦？""她们是在和嫦娥姐姐捉迷藏呢……"

外公，还记得那年中秋，我依偎在你的怀抱里，听你绘声绘色地讲故事的情景吗？那个夜晚好美，圆圆的月亮挂在苍穹，把温柔的月光洒向大地。你捋一捋胡须，指着月亮说："在那美丽的月宫里，住着一位美丽的姑娘，她的名字叫嫦娥。嫦娥是怎么飞到月宫里去的呢？原来……"我睁着大眼睛，好奇地望着天上的月亮，在你美妙的童话故事里，飞呀飞呀，一不小心就飞进了梦乡……

外公，我是多么希望这样的幸福时光能日复一日。可让人想不到的是，一个噩耗如惊雷般震惊了我，你患上了癌症，而且是可怕的晚期。望着你日渐枯槁的瘦弱身躯，我固执而又霸道地跟你说："我还没有长大，你不可以不陪我看星星看月亮，不可以丢下我一个人去玩耍。"说完泪水早已打湿了双颊。妈妈在旁边一边抹着泪一边劝慰我："外公累了，他要休息了……"

2014年，外公走了，永远离开了我们。这是我人生中最伤感的一年，因为我痛失了最亲的人，从此，我的每一个日子都写满思念。亲爱的外公，此时此刻，你是不是也如我一样，凝视着圆圆的月亮，泪如雨下呢？

现在，我一个人静静地伫立在庭院中央，抬头仰望天空，仿佛看到了外公你微笑的脸庞，正慈祥地看着我呢……

"人有悲欢离合，月有阴晴圆缺，此事古难全。"外公啊，您的孙女已渐渐长大，天国那边，没有外孙女的陪伴，您，过得还好吗？

流泪的狗尾草

吴子湛

每当看到那些狗尾巴草,我就会想到我的曾外祖父。

记得小时候一放假,我便来到外公家,和比我大一个月的表哥跟在曾外祖父后面玩,而曾外祖父也总会陪着我们。

早饭之后,曾外祖父便会领着我们来到一片长狗尾巴草的地方,毛茸茸的狗尾巴草长得正旺,是那么翠绿,曾外祖父会拔出一根伸到我们背后,我们痒得直笑,他也看着我们笑。稍后,他便拔出许多根狗尾巴草,插在我们头上,把我们变成"印第安人",和我们闹着玩。他的手非常巧,经常会编一些小鹿小狗给我们玩,他是那么熟练,指头快速翻几个来回便会有一只小鹿出来,我们便欣喜地迎上去抢。他总说:"别抢了,这里还有,再抢我就不编了。"我们听后相互谦让,到最后却又抢了起来。他看在眼里,乐在心中,但却不阻止,而是笑眯眯地把刚编好的小鹿递过来,一场闹剧由此而终。我们都心满意足,继而又将新"出生"的小动物放入正在决斗的兵团中,继续着刚才的战斗,不一会儿,便又有了一只"小狗"光荣牺牲,曾外祖父却不生气,而是继续为我们"生产"斗士,没有一点儿厌倦的样子,还是笑眯眯的。

吃完午饭,我们便会拉着曾外祖父的手,来到门外老槐树下。我们会提来一桶水,把树下的泥土浇湿,然后把用狗尾巴草做的小动物插在地上,向路过的人炫耀,如果别的孩子喜欢,坐在那儿乘凉的外祖父便会拔一个给别人,当他看到那些孩子心满意足、一蹦一跳地离开时,满脸都是微笑,都是慈祥的微笑。

可有谁能想到,我慈祥的曾外祖父竟然会离我而去!悲伤之中,我想那些狗尾草也一定在流泪,因为它们再也不能变成栩栩如生的小动物了……

我有四个心愿

刘 敏

如果有一千零一个愿望供我选择,我不贪心,我只要四个愿望。

轻轻许下第一个愿望,但愿健康环绕在妈妈身边。妈妈因生我落下了一身的病痛,关节疼时紧攥的双手在我脑海中挥之不去,但愿以后的岁月里健康能陪妈妈同行。

轻轻许下第二个愿望,但愿所有的美丽都属于妈妈。妈妈从来没有刻意地去打扮过自己,总是把时间给了我,十月怀胎,十四年的抚育,几千夜的挑灯陪读,有我的地方就有她的身影。她总是素面朝天,衣着简朴。我曾打趣地说:"为什么不给自己买点儿化妆品,都说爱美是女人的天性,对自己太苛刻也不好哦。"她总是微笑着说:"你上学要花钱,买衣服也要花钱,我都老了,要什么美啊,只要你好好的,我就满足了。"听完这些话,我心里都堵得慌,不知道该说她傻，还是伟大，天下哪个母亲不是如此"傻"呢？为了子女，她们在厨房吸尽了油烟，在洗衣粉中浸老了双手，听任岁月的痕迹化作满脸皱纹……

轻轻许下第三个愿望，但愿所有的欢声笑语都跟随妈妈。不希望妈妈受了委屈后对我强作欢笑，那样的笑容令人心痛。希望能每天都看到她面带笑容，快快乐乐。

轻轻许下最后一个愿望，但愿妈妈学会"自私"。希望妈妈能少考虑别人的感受，多关心自己。平时妈妈总是考虑这个考虑那个，从来不知道在乎一下自己。我曾"愤怒"地问妈妈："你就算对每个人都那么好，也没人给你颁奖。"她却不以为然地笑笑："不需要谁给我颁奖，我只要对得起良心就好了。"天下还有这般傻的人吗？没办法，这就是我善良的妈妈。

我的这些愿望不算太"奢侈"吧，但愿都能实现。

祖奶奶，你永远在我身边

韩 城

四月里那个细雨纷飞的晚上，八十九岁的祖奶奶永远离开了我们。说好了在您九十岁生日晚宴上，我们要一起唱生日快乐歌，一起吹生日蜡烛，一起吃蛋糕；说好了，您要看看表哥的大学录取通知书和我的高中录取通知书长什么样；说好了，在我们开学的时候，您要送我们每人一个大大的"红包"；说好了，等我放了暑假，教您上网，带您看网上的世界……可是，您却永远地走了。

祖奶奶，没有了您的日子，我的心头空空的。每天早上去上学时，再也没有了那熟悉的"丫头，路上慢点儿呀"；晚上下晚自习回来时，再也没有了那暖暖的"丫头，你回来了"。祖奶奶，您怎么能说走就走呢？

常常在学习的空隙，总是情不自禁地想起您——亲爱的祖奶奶，想起您的音容笑貌，想起许多有趣的往事来。记得有一次，我们去公园游玩，看到一个乞丐，您向我爸要过一张五元的人民币，颤巍巍地走过去，想把钱递给那人。我对您说，现在许多乞丐都是假的，别上当。您却笑着说，如果他真有困难，大家都不帮他，那怎么办？我帮了他我心里才会好过。

还有一次，我们一家人去一家餐厅吃晚饭，一位年轻的女服务员在上菜时，不小心把汤汁泼到了妈妈的连衣裙上，那可是妈妈第一次穿那件衣服。妈妈的脸立即"晴转阴天"，女服务员不停地说对不起，可妈妈却说要去找经理。这时候，您对妈妈说，"莲儿，别那么凶，回去洗一洗不就得了，看把人家小丫头吓得。哪个没有失手的时候，要是这小丫头是我们家的，你不心疼？"

而最让我难忘的是，祖奶奶您虽然快九十高龄了，不仅坚持料理自己的生活，还经常帮助家中干一些家务活。您总是把一句话挂在嘴边，那就是："只要还有一口气，劳动一天不停止。"就因为有着祖奶奶您做表率，我们这一大家子人，没有一个懒汉。

一次次追忆着这些往事，泪花点点中，我猛然觉得，祖奶奶您虽然离开了人世，但却把许多美好的品质传承给了我，陪伴我去走漫长的人生路。祖奶奶您其实从未走远，您总是笑眯眯地在看着我呢！

祖奶奶，你永远在我身边，永远在我心中最柔软的地方！

快乐一家人

杨 佳

爸爸是一名大货车司机,帮当地的连锁超市配货,每天都起早贪黑,非常忙碌和辛苦。妈妈是村里的乡村医生,不仅白天一整天要在卫生室上班,有时半夜还会接到电话,忙着去村民家看病。而我,自从上六年级后就开始住校,只有星期五晚上才回家。因此,我们一家人虽然生活在同一个屋檐下,但却聚少离多,真正围坐一起的时间并不多。

但这并不影响我们一家三口共享家庭生活的快乐,我们总是抓住每一次机会,相互交流,共同制造欢声笑语。

这不,周六晚上,爸爸早早下班回家,妈妈也难得"清闲"一回,准时下班回家。爸爸拿一把躺椅,躺到大桂花树下,津津有味地读着书。妈妈在厨房里忙碌着,一阵阵菜香不时飘入鼻中,令人垂涎欲滴。而我则放下手头的作业,打开音乐盒,塞上耳机,在音乐的世界快乐地飞翔。家里的小白狗"白雪公主"在三个主人间来回跑动,高兴得又摇尾巴又抓挠。我们的家,正沉浸在一片祥和之中,充满诗意。

开饭了,"新闻发布会"在饭桌上正式开始。爸爸一边喝饮料,一边介绍着这些日子送货过程中遇到的事情,譬如什么地方又出车祸了，哪家超市又打折了，哪个镇上的养鸡户含泪把上千只鸡活埋了。很显然，爸爸发布的都是些有趣的社会新闻。妈妈一边喝苹果醋，一边介绍自己的患者，村里谁又生病住院了，谁要做大手术了，谁家拿了多少医疗报销款……听完妈妈的话，我和爸爸坐在家里，足不出户，就能对全村的"重大卫生事件"了如指掌。轮到我了，我先介绍自己的学习情况，然后便把自己在学校里的所见所闻、喜乐哀怨全都倒出来。我眉飞色舞时，爸爸妈妈则跟着傻笑；我唉声叹气时，爸爸妈妈也一脸"愁容"……

吃完晚饭后，全家一起外出散步。我们沿着村东头的河边大堤一直往前走。爸爸吹口哨，我听音乐，妈妈拿着智能手机看微博。暖暖的春风吹过田野，吹过小河，吹进我们的心田，大家沉浸在自己的世界里，不时相视一笑，一切是那么的温馨、快乐。

突然，爸爸一声"哎呀"，说他的脚一不小心扭了，然后便一瘸一拐起来。妈妈赶忙收好手机去搀扶爸爸，我也拔掉耳机去拉爸爸的手。就这样，我和妈妈艰难地架着意外负伤的"爸爸"往家挪步。正当我们气喘吁吁、大汗淋淋时，爸爸突然忍不住大笑起来，挣开我们的手臂，自己跑了出去。

我们一下意识到又上爸爸的当了。妈妈举拳欲捶爸爸，我则故作夸张地蹲下来捂着肚子，一时间，笑声传遍田野。

我跟外婆学语文

田 甜

语文学习不只是在课堂上,它的大地是非常广阔的。对此,我的感触是非常深的。

那年暑假,我回到乡下,和外婆一起生活了两个星期,居然学到了许多语文知识。

外婆家种有四五亩地,干农活成了外婆每天的主要工作,来乡下体验生活的我,当然得陪着外婆下地"练练"腿脚了。农村人邻里关系特别好,见了面都要相互打招呼,一路上,外婆不仅自己和乡亲们说着话,每遇一个人,还要拉过我,向人家介绍一番:"这是我二女儿的宝贝呢。"并让我开口叫人,什么大姑姑、二舅妈、三外公,喊得我都晕了头。见我眉头皱了起来,外婆语重心长地对我说:"小甜呀,叫人不折本,舌头打个滚。"一听这话,我一下地来劲儿了,这话不仅顺口,好像还押着韵呢,比语文课本上那些教育人要讲礼貌的文章生动多了。我暗暗记在心中。

中午吃饭的时候,也许是饿极了,也许是外婆烧的小公鸡太好吃了,我狼吞虎咽,吃得津津有味。可饭还没吃完,外婆便笑呵呵地发话了:"小甜呀,你的嘴破了?你看看桌上地上。"我仔细一看,刚才吃得太急,桌上地上掉不少饭粒。只见外婆走过来,把那些米粒一一捡起，用嘴吹了吹，全吃进了肚子。我惊得瞪大了眼睛，这些米粒上面满是细菌，怎能吃呀？外婆看我的样子，说道："地上一粒白米饭，菩萨眼中一碌碡，浪费粮食是要遭雷打的。"碌碡我见过，石头做的，圆柱形，身形巨大，外公说农民以前用它来轧谷物，平场地。哎呀呀，把小小的米粒说成是巨大的碌碡，这不是典型的夸张吗？还有，这"遭雷打"虽然恐怖，但想象太大胆奇特了。这些鲜活的修辞手法，可不多见。

还有一回，一场雷阵雨过后，我躺在院子里的葡萄架下看书，一只蛤蟆进入了我的视线，只见那只蛤蟆趴在墙角一动不动，突然，蛤蟆舌头一伸，一只蚊子便成了蛤蟆口中的美味。见我看得出奇，外婆便说："蛤蟆慢拖拖，一世不挨饿。"这话的意思我懂，就是说蛤蟆虽然行动慢，但由于它有耐心，能瞄准目标准确出击，反而收获很大。我们做人做事不也该如此啊。把深奥的道理说得如此通俗易懂，这种带着泥土味的比拟方法，让你不由得不叫绝！

……

通过两个星期的"采风"，我记了满满一大本外婆的"语录"。真是听了外婆一席话，胜上好多语文课。看来，广阔生活才是真正的语文课堂，我这两个星期的经历，就是一堂内容丰富的语文课。

在双休日里

高 昕

又到双休日，周六这天，我早早起床，背英语，读古文，然后做数学周周练、物理周周练，还要挤时间练二胡，准备考级……一直忙到晚上9点，还有作业未完成呢！唉！

周日早上，又被爸爸早早从被窝里揪了出来，因为上午还有奥数辅导班的课要去上。那可是两节大课，三个小时。

辅导课终于开始了，形式是学生先练习老师后讲解。辅导老师一次性发下了两大张练习题，说今天必须要全部完成掉。我晕！

抓耳挠腮思考，手忙脚乱演算，然后再跟在老师的讲解后面订正，终于解决掉了一大半，但时间却差不多了，看样子，老师又要拖课了。我心里那个急呀，像猫爪抓心似的，下午回去还有语文练习册、数学练习册……唉，对了，还有两篇日记呢！抬头看了看老师，我突然醒悟到还有一项课外作业——那就是这课外班上的作业。

屋外的小鸟在喳喳乱叫，好像在向我宣告它们的自由。风儿呼呼地吹着，树叶摇曳着，一层玻璃将我们隔开，似乎对面的世界很遥远。周围又传来沙沙的笔声，我重新埋下头去……

昨天晚上没有睡好，现在都有点儿困了。我是多么期望能早点儿下课呀，我屁股下面像顶了一个弹簧似的，怎么也坐不住了。

等啊，等啊，老师终于把所有题目都讲完了，一看手表，已经11点多了，看看周围的同学，疲惫写满了每一张脸，就连辅导老师也累得不行，说话的力气也不足了。

"同学们啦，本次的课后作业是……"哈哈！终于留完了作业。"同学们，今天的课就到这里，放学了！"我高兴地从椅子上跳了起来，像离弦的箭一样向外冲去，爸爸正在外面等我。

爸爸一见我出来，高兴得扬起了手："洋洋，我今天在新华书店淘到两本不错的奥数资料，你回去计划一下，争取早点儿啃一遍。要想上全城最好的民办初中，就得下苦功。"

看着爸爸手里那两本厚厚的习题集，我的脑袋一下地耷拉了下来。

不知什么时候，外面下起了雨，真冷。

美丽的花蝴蝶

张阿敏

别看表妹年纪不大，胆子却不小，遇到有人干"坏事"，她总要去管一管，令人刮目相看。

这个五一小长假，爸爸、妈妈带着我和表妹乘车去无锡的影视城玩。一大早，我们一行四人拿着数码相机兴高采烈地出发了。

来到候车室，我们找到空座位坐下，等待着出发。我照例拿出提前准备的零食往嘴里塞。表妹禁不住诱惑，也吃起了零食。爸爸妈妈阅读着刚买来的《扬子晚报》。

我一边吃一边四处看，寻找好玩的事情。这时却在斜对面发现了一个非常不协调的音符：一位打扮时尚、长相俊俏的年轻姑娘在津津有味地吃着五香花生，边吃边"潇洒"地往地上扔花生壳。我看着心里好不舒服，可是又不好意思说她，人家毕竟是大人嘛。

这时打扫卫生的阿姨过来了，她一手拿着簸箕，一手拿着笤帚，非常细心地清扫着地面。来到那位姑娘面前，也没言语，只是默默地将壳扫入簸箕中。那位姑娘扔花生壳的动作暂时停了下来。我想，她一定是意识到自己的行为不道德了吧，于是有些高兴，又继续享用我的美食，并将垃圾装入妈妈给我准备的空包装袋里。

令人吃惊的是，扫地阿姨一走，那位姑娘又开始了她那个"潇洒"得令人生厌的动作，我有些怒不可遏了，但出于个人"修养"，我仍然坐着不动，只是将不友好的眼光抛给她。

表妹却忍无可忍了："阿姨，给你一个包装袋！"像花蝴蝶一样美丽的表妹，手拿一个洁白的包装袋，大大方方地向那位扔花生壳的姑娘递过去。

"谢谢小妹妹！"那姑娘的脸猛地涨得通红，接过表妹递过去的包装袋，将手中正要扔下的花生壳装在里面。表妹不依不饶，又弯下腰去捡地上的花生壳，扔花生壳的姑娘连忙阻止，说："阿姨来捡，不麻烦你，小妹妹，谢谢你！"

面对表妹的这一勇敢行为，我感到非常内疚，脸不知不觉也像那位扔花生壳的姑娘那样，红成一片，滚烫滚烫的。表妹，我要大声对你说："我爱你！你让我知道，面对不讲公德的行为时，一定要勇敢而巧妙地去劝阻。因为只有这样，那些不自觉的人才会在监督中变得文明起来。"

一把红伞

杨 茗

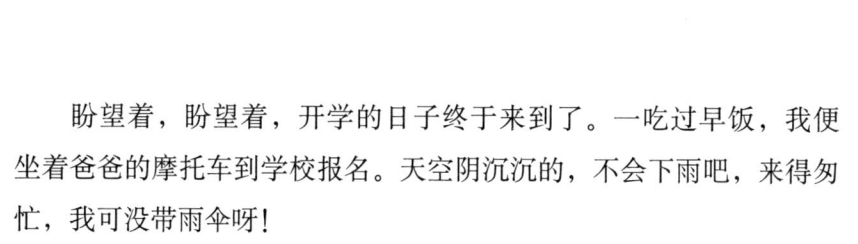

盼望着，盼望着，开学的日子终于来到了。一吃过早饭，我便坐着爸爸的摩托车到学校报名。天空阴沉沉的，不会下雨吧，来得匆忙，我可没带雨伞呀！

报完了名，教室里还没有其他人，闲着也是闲着，我便开始打扫教室，整理桌凳。一个矮个子男生挟着一把红伞走了进来，冲我一笑，也跟着干了起来。这个家伙，带伞求雨呀，真是的！

等到班主任——个扎着马尾巴的"大女生"来到教室的时候，我们几个人已把教室里里外外打扫了一遍。老师笑眯眯的，把我们好好的夸了一番。

不一会儿，我们便在老师的安排下又忙开了，大个子男生被安排去图书馆搬我们班的课本、作业本，剩下的同学在老师的带领下去打扫清洁区……直到吃饭的时候，我们才精疲力竭地回到教室。然后清洗饭具，去食堂排队打饭。

中午，住宿的同学在老师的带领下，去领生活用品，安排床位，整理宿舍。我们这些走读生则在教室里闲聊。那个矮个子男生居然在教室里撑起小红伞，跳起滑稽的舞蹈，逗得我们哈哈大笑。

下午，老师组织同学进行自我介绍，一人两分钟，主要讲自己的姓名、爱好、性格、新学期的学习目标。最后，发放新书，布置明天的相关事情。

终于，老师宣布放学了。这一天忙下来，恨不得把人都累散了架。可偏偏这时候，一直阴着脸的天空竟然下起了小雨。望着外面的雨，我拎着书包，在走廊里慢慢挪着脚步，心里异常着急，因为爸爸妈妈现在还没下班，他们不可能给我送伞。

突然，一个人从前面冒冒失失地冲过来，把我手中的书包撞落在地。我正想发作，定眼一看，竟是那个矮个子，那把红伞插在书包的小口袋里。男生连忙说"对不起"，我只得压住怒火，装出一副无所谓的样子。

站在楼梯口，看着越下越大的雨，我心急如焚。这时，一把伞伸到了我的头上。"借给你吧！我家就在附近，我和同学合用一把伞。你明天还我，我和你一个班。"我转头一看，正是那个小个子男生……

接过小红伞，一股暖意涌上我的心头。

种草莓的小女孩儿

程玉玲

虽然好长时间过去了，但那个种草莓的美丽小女孩儿一直刻在我的记忆里，挥之不去。那红红的草莓，一直甜在心头。

那是去年十月的一天，外面下着雨，雨点打在身上，凉丝丝的。

我撑着伞，在小区里转悠。反正是星期天，作业都已做完，玩一会儿不要紧。

忽然，我发现小区的"小农场"那儿，蹲着一个小女孩儿，好像在挖土，她想干什么呢？

我三步并着两步走过去，只见一个七八岁的小姑娘，正用一把小锹费力地挖着泥土，然后放进花盆里，脸上湿湿的，不知是汗水还是雨水。我赶忙把伞往她那儿移了移。

"小妹妹，你这是在干什么呀？"我疑惑地问道。

"大姐姐，我正在取土种草莓呢！"小女孩儿抬起头，清脆地回答道。只见这个小女孩儿扎着两个长长的辫子，红扑扑的脸蛋上绽放着甜美的微笑，一双大大的黑葡萄似的眼睛，好像在说着话。多漂亮的一个孩子呀！

"种草莓？小妹妹，你就别再种了，听说草莓不太好种，你又这么小，不会有收获的！别白费力气了，快回家吧。要想吃草莓，等到明年春天的时候，让你妈妈帮你买一些就是了。"我尽力劝道。

可小女孩儿一脸认真地说："我一定要种，我要吃自己种的草莓。我会好好照应它的。"说着她继续低头挖土，是那么认真。

看着小女孩儿力不从心的样子，我于心不忍，帮她挖起土来，待花盆装满后，再细细捣碎。这时，小女孩儿又甜甜地说道："姐姐，我们来一起种好吗？到时候我一定送草莓给你吃。"她一脸乞求地望着我。虽然我不相信这个小女孩儿真能种出草莓来，但我还是答应了，我怕扫了她的兴。这时候，小女孩儿拿出一个纸包，里面有十几粒草莓的种子，我们小心翼翼地把种子种了进去。干完活后，我叮嘱小女孩儿，回去后要浇足水，出苗后要剪掉多余的苗，只留两三棵就行，要把它们放在阳台前晒太阳。小女孩儿不停地点头。种好草莓后，我又帮小女孩儿把花盆搬到了电梯里，小女孩儿连连称谢。

以后的日子，我一直没有再见到小女孩儿，因为小区实在是太大了。但我总惦记着她，惦记着那盆草莓，它们长得还好吗？

时光飞快地流逝，一转眼，已是春暖花开的时节了。一天晚上放学回家，我看到小区物管门外的黑板上贴上一张寻人的纸条，题目是"寻找帮我种草莓的姐姐"，讲了一个大姐姐帮一个小女孩儿种草莓的故事，下面还有联络方式。望那歪歪扭扭的字迹，我一拍脑门，这不是找我吗？

小女孩儿找我干吗呢？我按照纸条上的提示按响了对讲门铃。"你是谁呀？"一个清脆的声音传来，多熟悉的声音呀，正是那个小姑娘。"猜猜我是谁呀？猜着了吗？""我听出来了，我听出来了，你就是那个帮我种草莓的姐姐，我找你好几天了。你在楼下等着我呀。"小女孩儿的话语中满是兴奋。

不一会儿，只见那个小女孩儿像一只美丽的蝴蝶从电梯里飞了出来，手里拎着一只保鲜袋，透出红红的颜色。看见我，小女孩儿兴奋地跑过来："姐姐，姐姐，这是我们一起种的草莓，它们不仅开花了，而且结果了，结了不少草莓呢！我送一些给你，你尝尝，真的好甜。"接过那袋草莓，我连连道谢。

回到家里，我迫不及待地打开保鲜袋，只见五六只红红的草莓躺在里面，看上去是那么可爱。我捏一只放进嘴里，甜甜的，一直甜到心里！

那个种草莓的小女孩儿，用她的执着给我上了一课：凡事只要用心去做，就一定能收获到甜美的果实。种草莓的小女孩儿，谢谢你！我会永远记住你！

为失败的她点赞

李雅玟

外婆生病住院了，星期天上午，妈妈带我一起去看外婆。

病房里的空调不停地往外吐着暖气，外婆说感到有点儿胸闷，于是我们便扶外婆去楼下的草地上呼吸新鲜空气。

已经是三月了，春阳暖暖地照着大地，不时有微风吹过，小草轻摇脑袋，好像在欢迎我们。妈妈扶外婆在一张椅子上坐下，悄悄拉起了家常。我则在偌大的草坪了欢快地奔跑起来。

突然，不远处的一幕吸引住了我的目光。只见一位年龄大约十岁的小女孩儿，在草地上练习行走，旁边站着一位女子，手里拿着两根拐杖，应该是这名女孩儿的妈妈。

只见小女孩儿刚刚迈出右腿，身子便向右一倾，摔倒在地上。她的妈妈赶忙扔下手中的拐杖，去把小女孩儿扶起。小女孩儿稍稍站稳后，推开母亲的手，再次迈出右腿，谁知身子一晃，她又失败了。母亲扶起她，小女孩儿咬咬嘴唇，又开始了第三次试走。这一回，她先迈左腿，身子一晃，她的妈妈忙伸手想去扶，但被小女孩儿制止了。摇晃了几下后，小女孩儿终于站稳了左脚。接着她开始挪动右腿，不幸的是，她又摔倒了……

我听到了小女孩儿的啜泣声，她的妈妈也在抹眼泪。看来，这位小女孩儿的双腿一定受过伤，现在正进行康复训练。三次都失败了，肯定摔疼了，真让人心疼。还是明天再来吧。

可就在这时，那名小女孩儿再次在母亲的搀扶下站了起来，喘着气，半握着拳头，紧咬嘴唇，再次开始了行走。一步、两步……谁知，小女孩儿再次身子一歪，倒了下去。

小女孩儿的妈妈搀着小女孩儿坐到一张椅子，轻轻敲打着她的腿部。本以为，在一次次失败面前，小女孩儿会暂时心生畏惧，选择退缩。但让我想不到的是，不一会儿，那名小女孩儿又开始进行训练，当然，等待她的仍是一次次失败……直到妈妈叫我回病房，那名小女孩儿还在继续试走。

我的眼睛湿湿的。我想起了那个叫廖智的女孩儿，汶川地震夺去了她的双腿，但她却忍受着钻心的疼痛，一次次摔倒，一次次立起，进行舞蹈训练，终于舞进"舞林大会"，舞上了残疾人运动会开幕式的舞台。我还想起了史铁生，想起了张海迪，想起了海伦·凯勒，他们都是在一次次失败后，继续坚持，最终"站"了起来。所以我坚信，眼前的这名小女孩儿虽然现在屡屡失败，但她终究能稳稳当当地站起来，迈开步子，行走自如。

我要为这名失败的小女孩儿点赞，为她的坚强、勇敢和执着点赞。

她深深地留在我的记忆里

李 钰

她是我们的实习老师，在四月纷飞的烟雨中，撑着一把红伞，飘进校园，飘进我们班，飘进同学们的生活中。

她个头不是太高，长着一张娃娃脸，一笑就露出两个浅浅的酒窝。头发特别亮，走路总是风风火火，说话的嗓门也很大。可同学们却特别喜欢她。

她爱和我们打成一片。她跟在语文老师后面实习，除了听课、试讲、批改作业和经常找我们之外，她有一空就爱钻到教室里，下课和同学们聊天，一起去室外活动；上课则坐在教室后面的空桌子上，和我们一起挨班主任的训，接受数学老师的"挤对"。更难忘的是中午，她经常放弃休息时间，指导同学们出班报，排练节目。这样平易近人的好老师，谁不喜欢呢？

她写得一手好文章。为了激发我们的作文兴趣，提高我们的作文水平，她用自己过去学习写作的事例来引导我们，告诉大家只要培养好兴趣，平时多积累、多练笔，就能成为一个"小作家"。她还拿出自己公开发表出来的诗歌、散文给我们读，那清秀的文字、纯真的情感，实在是太美了。就在实习期间，她还在晚报副刊发表了好几篇文章，其中有一篇就是写和我们一起远足的，同学们读完之后，既激动，又佩服，更产生了一种一定要把作文写好的冲动。这样循循善诱的好老师，我们怎能不爱她？

她富有爱心。班上有个女生，家境很不好，她从同学们的周记中得知情况后，便好几次以这名女生作文写得好为由，给她发"特殊奖品"，包括一些课外读物、文具，甚至还奖过那名女生一双漂亮的凉鞋了，惹得同学们羡慕得不得了。她是多么细心呀。班上还有个男生，小调皮，爱搞恶作剧，她没少受过这名男生的"气"，但却从不发火，而是苦口婆心地劝说他，虽然短短两个多月时间不可能让这名男生彻底改掉缺点，但她的耐心，让大家都很感动。这样充满爱心的好老师，真的是太伟大了！

六月底，就在我们快要期末考试了，实习老师要返校了。最后节课上，老师每人送给我们一份"小礼物"，"小礼物"封在一个信封里，那张信封印着她所读的那所师范大学的校园风光。她说，必须等她走后，才能打开信箱。可那名爱搞恶作剧的男生在课堂上就偷偷打开了信封，看完后竟然哭了。后来我们才知道，实习老师给我们每个人都写了一张优点卡，把各人的优点全给列了出来，鼓励我们好好学习。怪不得那名男生哭了，因为他从来没想过自己还有优点。这样善于鼓励学生的好老师，学生怎能不感激她？

她姓戴，一个美丽的人，一个深深留在我记忆里的人。戴老师，我们想念你！

"教训"妈妈

孔 海

我的妈妈很勤劳，很节俭，很孝顺，很爱我们，可就是有一个让人说不出口的坏毛病。

家里开着一间超市，偶尔会有一些食品过期，只要看上去还没变质，妈妈就舍不得丢弃，悄悄卖给顾客。反正农村人都老实，很少有人看生产日期。唉，这要是吃出问题，或被工商部门查到，那如何是好。

今年五月份，超市里的几袋脆饼已过保质期，但外观看上去并无两样。妈妈就把这几袋过期食品和刚进的一批脆饼混到了一起，准备继续出售。那天正好是星期天，母亲让我在家里边看店边写作业，她去田里干活，特意嘱咐我一定要把那几袋过期的脆饼先卖掉。我嘴上答应着，心里却一百个反对。经商要诚信，今天决不能让妈妈得逞。

妈妈刚一离开，我便立即把那几袋脆饼挑了出来，藏到了一边。上午，村东头的张奶奶，村北的李爷爷，还有我的同学毛菲各买走了几袋脆饼。要不是我"先下手为强"，那几袋放在上面的过期脆饼早就被买走了。

可妈妈那一关怎么过呢？中午，妈妈从田里回来，一看脆饼卖掉不少，但那几袋过期脆饼还在，就问我是怎么回事。我如实告知，妈妈大怒，骂我是个书呆子。我满脸委屈，一言不发。可妈妈越骂越来劲。我终于忍不住，对妈妈吼道："你这是奸商行为，会自己砸掉自己的招牌的。"

妈妈的眼睛猛地瞪大……可下午我发现，那几袋过期脆饼又被放了进来。一准是妈妈偷偷干的。我决定教训一下妈妈。

下午四点多钟的时候，我跌跌绊绊跑到田地里，上气不接下气地告诉妈妈："不好了，工商所来人了，那几袋过期的脆饼被他带走了，让你明天去工商所……"

妈妈赶到家里，见那些问题脆饼真的不见了，脸一下地脱了色，愁得不知如何是好。爸爸晚上下班回去，听说这件事后，狠狠地批了妈妈一顿："平时说了多少遍，要本分经商，这下好了，你就等着挨罚吧你……"

妈妈一下子哭了，说自己错了，求爸爸明天帮她去接受处理，她实在是没脸去了。见此情景，我忍不住"扑哧"笑了，母亲马上看出端倪，转哭为怒："你是不是在吓唬我……你这个吃里爬外的东西……"

那一回，妈妈气得好几天都不搭理我。不过从此之后，她再也没有卖过过期商品。

爱的方程式

施佳佳

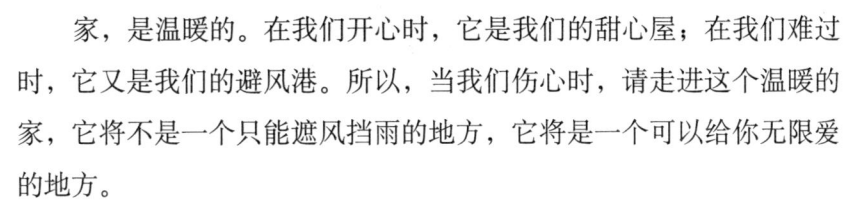

家，是温暖的。在我们开心时，它是我们的甜心屋；在我们难过时，它又是我们的避风港。所以，当我们伤心时，请走进这个温暖的家，它将不是一个只能遮风挡雨的地方，它将是一个可以给你无限爱的地方。

我不知如何来诠释妈妈对我的爱。妈妈对我的爱就像一个没有解的方程式，因为妈妈给我的爱太多太多了，致使我从来都不曾去想去解这个没有解的方程。

不知从什么时候开始，"妈妈"这个词便出现在我的脑海中。也正是从那时候起，我才感觉到妈妈对我的爱。

记得上幼儿园的时候最喜欢在妈妈面前背诵诗，妈妈见我这样，便到书店买了一本《唐诗三百首》，她一个字一个字地教我读，一句一句地教我背。

曾经问过妈妈为什么不教我数学、画画，而是教我读诗。妈妈的回答令我费解："因为我是你妈妈呀！"

人在少年，总觉得自己的妈妈唠叨。晚饭后的思想教育是每天必不可少的。而妈妈让我反省的只不过是"房间不整洁""被子没有叠"这一类鸡毛蒜皮的问题罢了。

而当我犯了大错时，妈妈通常一言不发，只是让我自己反省。因为妈妈曾经说过："如果你连自己犯的大错都不知道悔过的话，那么父母再怎么说对你也只不过是耳边风。"

正是由于妈妈的这种教育，才使得我无论做什么事都先考虑好结果再做，这样我就避免了许多不该犯的错误，也使我养成了爱思考的好习惯。

妈妈，我要谢谢你！

辛苦的妈妈

时　靖

我有一个极普通的妈妈，她三十九岁，乌黑的头发下有一张微红的脸，上面有几条皱纹。

我的妈妈非常辛苦，这是我深有体会的。有一次，我看到妈妈在羊窝里挑羊粪土。这本是男子汉做的事，可是因为爸爸常年不在家，这费力的活只能由妈妈来做。我趁妈妈在把羊粪土挑到田里的一段时间，走到羊窝拿起沾满羊粪土的铁锹，用了九牛二虎之力铲了几下，顿时汗如雨下。这里面的气味臭得要让我呕吐，想到沉重的担子压在妈妈的肩上，还要再走很远的路到田里，我很心疼。就在这时，妈妈回来了。她看见我拿着铁锹站在羊窝里，心里便明白七八分了，放下挑在肩上的粪桶，走了过来，说："靖靖，你在干什么？"我转过身，看到浑身脏兮兮的妈妈，眼泪不禁落了下来，哭着说："妈妈，别干了。咱们雇人来做。""没关系，我就是这命，没有金子那么贵，再说你爸在外挣钱也不容易，干吗还要雇人呢？"

妈妈不仅勤劳，同时也经常叮嘱我："小孩子从小就要劳动，记住，坏事就是从不劳动开始的。"在妈妈的教育下，我也会做一些简单的家务活，如叠被子、扫地、洗碗等。只要我能做的事，妈妈就教我做，让我做，有时还和我一起做。小的时候，做得好，还得到妈妈的许多夸奖呢！现在夸奖少了，但是我仍然帮妈妈做，因为妈妈太辛苦了。

去年春节，我们一家坐在电视机前，嘻嘻哈哈地谈论电视剧。这时爸爸拿起妈妈那满是口子的手说："今年我包了一个工程，可以赚到较多的钱，以后你就别种田了，雇人种就可以了，你就在家带孩子。"我说："是呀，爸爸说得对。"妈妈拉着脸说："有了钱就可以享清福了？要知道，我这样做是可以教育孩子的。"

哦，原来妈妈日辛夜劳，是为了教育我呀！

母　爱

孔维民

生活中，令人感动的事很多，但最让我感动的是母亲对我无微不至的关爱。

上星期一下午，我像往常一样早早来到学校，在车棚里，我突然发现自己好像忘记了带什么东西，可怎么也想不起来，只好锁上车，无可奈何地走进教室。

　　刚走到教室门口，我猛地想起，我忘记了带作业，我赶紧打开表一看，不好，只剩下几分钟了，要是再回去取，肯定来不及，这可怎么办？我的心绷得紧紧的。

　　我心神不定地坐到座位上，心想："老师会不会认为我没做，说我故意找理由狡辩呢？"想到这里，我十分紧张，出了一身汗。就在这时，我看到了一个熟悉的身影，正站在窗口用焦急的目光寻找着什么，哦！是母亲。我飞也似的跑到了母亲身边，她看见了我，微笑着说："你忘记了带作业，下次别丢三落四的了。"我接过作业，连连点头。

　　母亲走了，我却潸然泪下，不仅想起了许多关于母亲的事情来——

　　吃饭时，她总是不停地往我碗里搛菜；

　　起风时，她总是嘱我添衣服；

　　过马路时，她总是有意无意地牵着我的手；

　　数九寒冬，她总是帮我暖被子；

　　……

　　记得上作文课时，老师让我们寻找母爱，许多同学都不知道到哪里去找母爱，其实，母爱不就藏在这些微不足道的细节里吗？只要我们用心去体味，何愁感受不到？

外婆的糍粑

李 梅

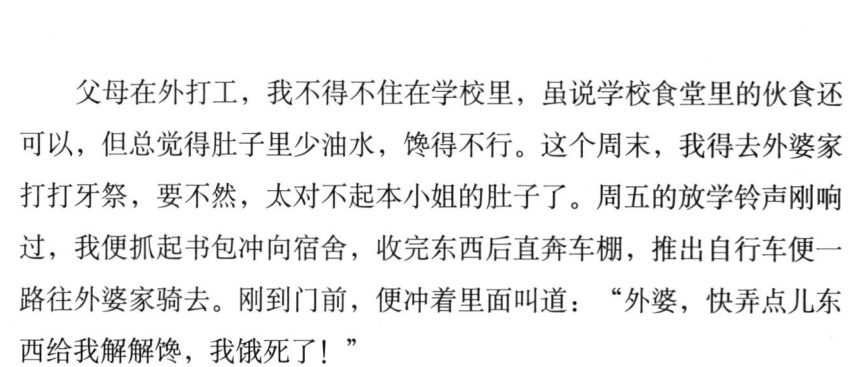

父母在外打工,我不得不住在学校里,虽说学校食堂里的伙食还可以,但总觉得肚子里少油水,馋得不行。这个周末,我得去外婆家打打牙祭,要不然,太对不起本小姐的肚子了。周五的放学铃声刚响过,我便抓起书包冲向宿舍,收完东西后直奔车棚,推出自行车便一路往外婆家骑去。刚到门前,便冲着里面叫道:"外婆,快弄点儿东西给我解解馋,我饿死了!"

"谁呀?梅子呀,你个馋嘴猫,看你长大后怎么嫁人?"外婆笑眯眯地从里面快步走出来,"说呀,想吃什么?"

点心?没意思,父母临走前给我买了许多,都吃腻了。大鱼大肉?也没劲,再说一会半会儿也做不好。对,吃糯米粉糍粑,做起来简单,又有味。

"外婆,我想吃您做的糍粑。"

"好呢,乖乖,我这就给你去做。"

外婆走进厨房,先把糯米粉用温开水和成面糊状,然后让我帮着烧火。接着,外婆舀了一大勺油沿着锅边转着圈均匀倒下,只听见锅子里"嗞嗞"作响。这时,外婆不紧不慢地把糯米粉糊倒进锅子里,然后用铲子飞快地向四周抹,并嘱我改用小火。只一会儿工夫,就有

香味出来了。我以为能吃了，外婆却说别着急。随后，外婆用铲子把整块糍粑铲起，翻了个身，又重新加了些油，让我继续用温火烧。这时外婆也没闲着，又飞快地切起了蒜花，并撒进锅里，盖好锅盖。等一揭开锅盖，浓浓的香味扑面而来，我肚子里的馋虫差点儿就被勾出来。

外婆用铲子把整锅的糍粑切成许多小块，然后拿来一个精致的花碟子，盛上一碟。我赶紧接过来，顾不得烫，有滋有味地吃了起来……

吃完后，我又要了一小碟，直把肚子吃得滚圆滚圆的方才罢口。那滋味，真是令人难忘！外婆真好，下个周末，我还要来吃外婆做的糍粑！

爱的纸条

李昊然

星期天下午，都快五点了，我还在看湖南台的节目"一年级"，这网络电视真是好，只要是已经放过的节目，想怎么看就怎么看。

"你看看，都几点了？你怎么还在看电视，太不自觉了，快去写作业，要不然，你又要开夜工了。真是的。"

"我不是说过吗，把这个节目看好了就去写，你怎么这样啰唆啊！"

"再看电视，我看你今天就别吃晚饭了。"

"不吃就不吃。"

……

就这样，我和我的妈妈又闹翻了。

我气呼呼地关掉电视，走进自己的房间，"嘭"的一声关上门，含着眼泪开始写作业。

一转眼，到吃晚饭的时候了，妈妈在外面叫我吃晚饭，我仍在气头上，理都不理。

终于将作业写完了，我伸个懒腰，揉揉太阳穴，关掉灯，刚准备上床睡觉，一阵敲门声响，门外又传来妈妈的声音："孩子，我做了你最喜欢吃的蛋炒饭，快出来吃吧！"我仍没有开门，蒙上被子，倒头就睡。

门外似乎传来一声微弱的叹气声，不一会儿，一切又都恢复了寂静。

半夜里突然醒来，只觉得饥饿难耐，无法入睡。我忍了一会儿，还是睡不着，肚子咕咕叫。怎么办？怎么办？我只好偷偷爬起来去找东西吃。悄悄打开门，来到厨房，轻轻按下开关，我不由得怔住了，见灶台上摆着一碗早就冷却的蛋炒饭，旁边还有一双筷子和一杯牛奶，牛奶下压着一张纸条。

我蹑手蹑脚地走过去，拿起纸条，上面是再熟悉不过的字迹："孩子，这次是我不对，我不该因为一件小事而过分责备你。你不要再生气了，好吗？晚上没吃饭，你一定饿坏了吧，桌上的蛋炒饭用微波炉热三分钟就好，牛奶也最好热一下……"还没看完，一向坚强的我，忍不住泪流满面。这真是一张盛满爱的纸条呀！

我热好了饭和牛奶，津津有味地吃了起来，我觉得今天这碗蛋炒饭是我吃过的最香的一碗蛋炒饭。

正当我吃完饭，喝完牛奶，收拾妥当准备重新睡觉时，我分明感觉到妈妈房间的门轻轻关了起来，原来……瞬间，一股暖流涌上心

头，我差点儿又要掉眼泪，真是可怜天下父母心呀。

总是听别人说，母爱是最伟大、最无私的，我现在终于真切地感受到了这一点。妈妈，我爱你！

快乐的中秋节

杨 梅

盼望着，盼望着，中秋节终于到了。这真是无比快乐的一天！

我们这里，中秋节早上有吃汤圆的习俗，代表着一家团团圆圆。家中打了不少糯米粉，吃完汤圆后还剩下不少。妈妈说，咱们做南瓜饼吧。我和妹妹高兴得直拍手。

做南瓜饼要做不少准备工作，先选一个上好的南瓜，削皮，去瓤，切块，然后蒸熟，捣碎；接着，把糯米粉撒入瓜泥中，进行搅和。如果太软，那就再加一点儿粉，如果太硬，那就加一点儿温水。直至米粉被揉成一个软硬适中的泥团。在揉搓糯米粉的过程中，我和妹妹都不小心把脸上给抹白了，四目对望，不禁哈哈大笑。

这时，妈妈已经把半壶色拉油倒入锅中，催促我们快点做南瓜饼。我迅速把手中的米粉团搓成一个长长的圆条，然后切成一小块一小块。妹妹拿起一块来，用掌心轻按着在桌上一滚，粉块便圆了，再稍稍用力一压，一块南瓜饼便成形了。投入油锅中不一会儿，黄灿灿、香喷喷的南瓜饼便出锅了。我们迫不及待地攥上一块……品尝自己的劳动果实，真是快乐！

下午，我们去给苏爷爷送月饼。苏爷爷七十多岁了，无儿无女，一直一个人生活。从记事起，每年中秋，爸爸都让我们姐妹俩给苏爷爷送月饼，并顺便约苏爷爷晚上到我们家吃晚饭，一起过中秋节。我和妹妹非常喜欢去给苏爷爷送月饼，因为苏爷爷家有一棵老枣树，每年都会结许多又大又甜的枣子。见我们送月饼来，苏爷爷总是装上满满一方便袋的枣给我们。回家后洗一个放进嘴里，真是甜到心里。

当我们各捧着一盒子月饼，蹦蹦跳跳来到苏爷爷家时，苏爷爷正在用竹竿敲树上的枣子。我们把月饼送进屋，立即跑来帮着敲枣，圆圆的枣子落在身上，砸在头上，像下雨一般，苏爷爷的院子里传出了一阵阵欢快的笑声。

一转眼，吃饭了。晚饭吃到一半，微微露出醉态的爸爸不禁"诗兴大发"："'今夜月明人尽望，不知秋思落谁家？'今天，咱们就来开个赛诗会，轮流背诵古人写的诗句，谁若卡壳了，那就罚酒一杯，不能喝酒的，那就唱一支歌，或跳一曲舞。"我们鼓掌叫好。

"我先来，"妹妹一脸兴奋，"'海上生明月，天涯共此时。''露从今夜白，月是故乡明。''床前明月光，疑是地上霜。'……"妹妹一口气背了六七句，妈妈连忙制止："你把熟悉的都背完了，叫我们怎么办？"

轮到苏爷爷了，本以为苏爷爷一定背不出来，谁知苏爷爷缓缓说道："三十功名尘与土，八千里路云和月。"原来，苏爷爷打小就是个岳飞迷，《满江红》中的句子自然烂熟于心了。

几圈下来，熟悉的诗句都背得差不多了，轮到爸爸了，只见爸爸抓耳挠腮，一脸焦急，却怎么也想来出一句来。只得自我解嘲说："我罚酒！"可当他伸手端酒杯时，却发现酒杯没了，原来酒杯被妹妹偷偷拿走了。我们便起哄："唱一个，唱一个……"爸爸极不情愿地亮出了他那"粗犷"的嗓子："明月几时有？把酒问青天……"这调跑得实在是太厉害了。这个蠢爸爸，这可不就是一句写月的诗句

吗？一时间，我们乐成了一团……

今年的中秋节真快乐，但愿明年的中秋节快点儿到来！

细节藏爱

许冬梅

> 平凡的生活同样有挚爱亲情，只要你能用心去品尝，你就会发现，在我们生命每一个细节中，几乎都藏有父母的关爱。
>
> ——题记

在父母小小的臂弯里长大，我的每一天都阳光灿烂，温暖如春。细数那五千多个日子，细数亲人的每一次关爱，细数曾经涌起的每一次感动，我常常泪流满面。

西瓜皮里的"小岛"

我这个调皮的"疯丫头"，在家里出了名的粗心，从小什么事都不仔细，干什么都惹麻烦，闹出了不少笑话。譬如穿着两只不同的鞋逛公园，上衣的纽扣扣串了一个，背着表哥的书包急匆匆去上学……至于吃鱼被鱼刺卡喉咙、吃枣连核一起吞进肚子这样的小事，那更是数不胜数。害得家人总是小心翼翼地"伺候"我，就连吃西瓜也不敢让我咬着吃，生怕"引汁上身"，因为我的一些衣服都是这样"人老珠黄"的。因此，每次吃西瓜，父母都让我用勺挖着吃。

记得有一年的收麦季节，大棚西瓜刚上市，价格挺高的，我们这些庄户人家根本舍不得买。一天，邻居王阿姨送来半个西瓜，说是他儿子从城里带回来的，分一半给我家尝尝鲜。望着那红红的瓜肉，我恨不得要流口水。但一想到妈妈刚从田里割麦子回来，热得浑身出汗，我便把西瓜捧给了正在做饭的妈妈。

几次推让后，妈妈终于答应吃了，我虽说心里有点儿馋，但还是非常高兴地蹦开了。数分钟后，妈妈叫我，说她已吃好了，让我把剩下的吃掉。然后把半个西瓜又交给了我。

我接过来一看，发现靠着皮的瓜肉全被妈妈用勺子挖着吃了，中间却留下一大块像岛一样的瓜肉，鲜红鲜红的。谁都知道靠边的瓜肉汁水不多，也不及中间的甜。我一下愣在那里，一股比西瓜还甜的东西涌上心头。

妈妈把爱悄悄藏进那片"西瓜岛"中，望着西瓜里正渗出的西瓜汁，我的心一下地被爱湮没。

鸭蛋壳里的"太阳"

我从小嘴馋，特别贪吃，连骨头里的筋髓都不肯放过，惹得家中小狗"黄黄"特别不高兴，因为它吃到的骨头常常已毫无"油水"了。

我最爱吃咸蛋黄，尤其爱吃刚出油的蛋黄。记得小时候我总是霸道地取出桌上所有鸭蛋的蛋黄，一一放进嘴里，有滋有味地吃着，全不顾别人的"指责"。如今长大了，我刻意控制自己，不仅不吃别人的蛋黄，有时还主动把自己的留给爸爸、妈妈、爷爷、奶奶。可最后，却发现蛋黄还是放在我的碗里。唉，真是"一馋嘴就千古恨"，想改也难有机会呀！

流泪的狗尾草

　　记得有一天晚上，妈妈加班，爷爷奶奶去了姑姑家，家中只有我和爸爸两人。晚饭时，爸爸在桌旁敲开一个鸭蛋递给我，我挑了几片蛋白就放在桌上，想让爸爸吃蛋黄。稀饭在我狼吞虎咽中接近尾声，最后我又看见了那个蛋，我以为爸爸吃空了，刚想把壳扔掉，却发现蛋白已经空空如也，但蛋黄却躺在里面，金灿灿的，像太阳一样。把爸爸的那个蛋拿过来一看，同样如此。盯着蛋壳里那两个金子般的"太阳"，我分明觉得，那就是爸爸的心，正光芒四射……

　　被爱是一件无比幸福的事，但如果被爱包围的我们，却感受不到爱的温暖，那无疑是对爱的一种漠视，更是对亲人的一种伤害。请放慢脚步，蹲下身子，好好地找一找那些藏在细节里的爱，相信你一定会收获许多感动。

心中的珍藏

　　走出饺子店，忍不住再回首看上一眼，那片简朴而温馨的空间，那对忙碌的老人，那些温暖的话语……这一切，怎不值得我好好珍藏呀！

家乡变了

张明丽

我的家乡在江苏盐城，盐城在大多人的印象中，是一个并不富有的城市，而今天，作为一个盐城人，我要自豪地告诉大家，我的家乡早已发生了翻天覆地的变化！

路变了！以前的泥泞小路，走起来真是艰难，一踩裤子上喷的尽是泥，车子几乎没法行驶。现在，是一条条宽阔的柏油马路，可以六辆大卡车并排行驶！而且以前只有很少的主干线，现在又增加了很多条。车子在这样的路上行驶十分舒服，再也不像以前那样"活蹦乱跳"了。

河变了！以前这里很不卫生，在河的附近都是垃圾，河发出难闻的气味，让人难以忍受，许多人捂着鼻子走过，来过第一次就不愿再来。现在不同了，这里风景优美，空气清新，河水再也没有异味了，是那么清澈透明。河附近还种上了许多垂柳，像一位位春天的使者，热情地伸出修长的手臂，焕发出勃勃生机；它的枝条细长下垂，直泻而下，像少女柔软的长发，又像一条绿色的瀑布，优美而有气势。从这儿路过的人再也不用避开，而是停下细细欣赏美景。当夏天来临的时候，人们还可以在垂柳下面乘凉，真是太惬意了。

车变了！家乡的交通在发生着日新月异的变化。不要说那挥手即停的出租汽车川流不息，轻巧方便的摩托车疾驶如飞，单看那宽敞的马路和过街天桥，还有那等车人日渐稀少的公交车站点，就知道家乡的交通正向多元化方向发展。妈妈在阴雨天上班可以打"滴滴快车"；全家出行可以乘环城旅游车……真是太方便了！

　　人变了！人们的环保意识增强了，人们都把这儿当成自己的家一样爱护，随处可以看到标语："盐城是我家，环境靠大家""爱我水绿家园"……人们勤劳持家，互相谦让，心中漾着喜悦，脸上带着笑，说着彼此鼓励的话，生活得有滋有味！

　　我的家乡真的在不断地变化，越变越美丽，越变越繁荣。是啊，你看，天更蓝了，水更清了，路更宽了，车更多了，人更旺了，到处呈现出一派现代化都市的靓丽景象，我打心眼里爱着这碧水蓝天、空气清新的美丽世界！将来，等我学好本领后，要用更先进的科学技术来建设我的家乡，使我的家乡变得更加兴旺发达、美丽可爱！

感谢您的恩赐

殷大勇

　　自然妈妈赐予我们的美景有许多许多，比如百花争艳，芳草碧连天；比如蝉吟蛙鸣，彩练当空舞；比如硕果飘香，山林尽染红；比如万里冰封，独钓寒江雪……而这些景色都藏在自然妈妈送给我们的"春""夏""秋""冬"四个"大礼包"里面。

　　感谢自然妈妈赐予我春天。春姑娘花枝招展，是那么美丽动人。

我们在春天的诗歌里漫步，尽情享受着阳光的温馨，尽情呼吸着新鲜的空气，尽情和蝴蝶一起翩翩起舞，尽情放歌自己喜爱的曲子，幸福和快乐写满我的脸庞。啊，我心飞翔，自由自在。

感谢自然妈妈赐予我夏天。夏哥哥虽没有春天的温柔，但他热烈奔放，有着鲜明的个性。这个季节有的是热情，有的是浪漫，他是属于年轻人的。在这火热的夏天里，我变得豁达，变得热情，变得爱奇思妙想，变得像天空中的鸟儿一样无比快乐。我真想做夏日黄昏的一朵白云，随风飘荡，四海为家；我更愿做雨后的一朵红莲，用深情的笑，醉倒所有注视我的心灵……

感谢自然妈妈赐予我秋天。秋伯伯一身硕果，在金黄的大地上，格外引人注目。农民的脸上，到处流淌着快乐。你看，那熟透的柿子，正炫耀着自己火红的心思；而那些棉花，则捧着洁白的哈达，夹道欢迎秋伯伯的到来。就在秋风挥舞着镰刀，收割沉甸甸的岁月和熟透了的日子时，我们每个人也在心里收割我们走过的人生旅途，于是我们就有了成熟感。大自然给了大地成熟，大地则给了我们成熟的启示，让我们一起从这个季节出发，走向新的收获吧。

感谢自然妈妈赐予我冬天。冬爷爷晶莹剔透，一身诗情画意。千里冰封，万里雪飘，那一道道银装素裹的山峦，分明就是最浪漫的诗行。这当中有"撒盐空中差可拟，未若柳絮因风起"，把下雪比作空中在撒盐，又仿佛是风把柳絮吹得满地皆是，令人神往；有"不知庭霰今朝落，疑是林花昨夜开"，落雪如花，是那么的生动传神；有"战退玉龙三百万，败鳞残甲满天飞"，雪片乱舞如鳞甲片片纷纷坠落，怎不令人慨叹；还有"燕山雪花大如席，纷纷吹落轩辕台"，真是蔚为壮观……和冬爷爷在一起，真是不会吟诗也会偷呀！

感谢自然妈妈，感谢您赐给我这缤纷如画的四季。我会用我手中的彩笔，把春夏秋冬，把您，打扮得更加美丽。

乡 村

严 雨

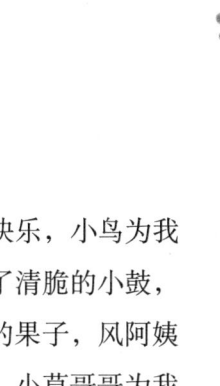

春姑娘把我带到了一个神奇的地方,我在这儿好快乐,小鸟为我唱起了圆润的歌,蝴蝶为我翩翩起舞,青蛙为我敲起了清脆的小鼓,蝈蝈为我弹起了心爱的吉他,树伯伯为我送来了甜甜的果子,风阿姨为我吹来阵阵花香,蜜蜂弟弟为我酝酿了喷香的蜂蜜,小草哥哥为我铺起了柔软的床被……

一切都好惊奇,一切都好留恋,一切的一切都好友好,这神奇的地方就是乡村!

是什么赋予了乡村的神奇?是什么让乡村如此的充满生机、富有吸引力?是大自然,是乡村人。乡村人以其粗犷的性格,友好善良的心地造就了这美丽的地方。乡村没有都市那种笼子般的套间,乡村人没有都市人那种钩心斗角的心境,乡村人没有都市人刻意追求华丽的习惯……

我爱乡村,爱她的树木成林,爱她的野花斗艳,爱她的流水潺潺,爱她的麦田片片,爱她的露珠调皮,爱她的鱼儿跳跃,爱她的蜻蜓点水,爱她的蝴蝶飞舞,更爱她的人心善良!

早晨,踏着露珠的痕迹,迎着朝阳的气息,闻着扑鼻的芬芳,听着鸟儿的歌唱,拎着鱼竿,来到清清的小河旁,坐着石凳,学着姜太公和鱼儿嬉欢，心里是那般的坦荡无私，毫无杂念；顶着火辣辣的太阳，再次踏上原来的路，回到乡村大伯家，吃着香喷喷的乡村饭，心里有说不出的舒畅！

乡村就是这样的神奇，乡村就是这样的美妙，乡村就是这样的富有活力，乡村就是这样的令人神往……

秋

王浩然

生机勃勃的夏离开了我们，当我们正为此欲悲伤时，硕果累累的秋大踏步而来。

秋天的景色虽不是桃红柳绿，但毫不逊色于阳春三月；虽不是五彩缤纷，但同样姹紫嫣红。凡是对秋情有独钟的人，都会因为秋天那特有的美景而激动、陶醉。古人不是说"我言秋日胜春朝"吗？

秋天是一个成熟的季节！你看，高粱涨红了脸，稻子笑弯了腰，棉花白得像雪，扁豆弯得像月，又大又圆的苹果像小孩子通红的脸，又扁又红的柿子像小巧玲珑的灯笼。好一派成熟的美。

秋天是一个忙碌的季节！农民伯伯们有的挥舞着镰刀割稻子，有的系个布袋摘棉花，有的举起木棒打枣儿……不仅人忙碌，就连动物也忙碌着呢！青蛙挖起了洞，蚂蚁运起了粮，黑熊偷起了蜂蜜，松鼠藏起了果实，喜鹊筑起了新巢，大雁飞向了南方……大自然中的一切都在忙碌。

秋天是一个赏花的季节。一到秋天，成百上千种菊花竞相开放。你看：白的、红的、黄的、墨的、茶色的、天蓝的，数也数不清。大家是你不让我，我不让你，都开着花赶趟儿，把最美的自己奉献给秋。而那桂花，香飘十里，白的，淡黄的，是那么的小巧玲珑，摘一朵放在手心里搓一下，手上立刻充满了醉人的暗香。如果把桂花制成茶叶，泡上一杯，色、香、味俱全，细饮慢品，那是一件多么惬意的事！

　　还有秋天的雨，她把红色给了枫叶，把黄色给了小草，把紫色给了菊花，把橙色给了果实，把蓝色给了天空，把绿色给了松柏……令人心旷神怡。

　　还有秋天的晴朗，天高云淡，整个天空蓝汪汪的，偶尔有一朵云从窗前走过，真是美不胜收。

　　秋天的景色，美哉！美哉！

让座风波

王莉华

　　我在公交车上给许多人让过座，可没想到那次陪奶奶去县城，给人让座时，却遭到了奶奶的反对。

　　那是去年的事，看着公交车不时在村头的车站停靠，一辈子没出过远门的奶奶不时唠叨着，啥时也能坐公交去县城逛逛。妈妈见状，让我找个有空的星期天，带奶奶坐公交去县城转转，过一把瘾。

终于，五一小长假到了，我决定带奶奶去县城。收拾妥当，我搀扶着奶奶往村头的公交站台走去。奶奶今天穿了一身新衣服，脖子上还系了条丝巾，满脸都是笑。

不一会儿，公交车来了。虽然我们起了个大早，但车上的人已经快要满了。我扫了一下车内，老天真是垂青我们，车上刚好还剩下两个座位，哈哈，我和奶奶一人一个，爽极了。

车子开动了，公路两边的树木，快速地向后移动。而远处，绿色的麦田延伸向远方，三三两两的农舍镶嵌在这绿毯之上，像油画一样美丽。

正当我沉浸在欢乐之中时，"嘭"，车门开了，上来了一位老大爷，头发花白，满脸皱纹，拄根竹子做成的拐杖，艰难地上了车。只见他看了一下车内，只好无奈地抓住铁杆。唉，老大爷年纪这么大，身体看上去又不是太好，接下来一路颠簸，他受得了吗？

这时，司机喊道："谁来让个座？"

看到这里，我准备给老大爷让个座，便对奶奶说："奶奶，我想给那位老爷爷让个座。"

听完我的话，慈爱的奶奶一下地表情怪异："你呆啊，把自己的座位让给别人，自己站着。我们花了钱，这座位就是我们自己的。"

看着奶奶生气的样子，我笑着说："奶奶，老师说过，要尊老爱幼，坐公交车时，要给老弱病残让座。"

可奶奶仍然顽固地拉着我的衣袖不让我离开，让我哭笑不得。看来，得换个思路，我小声对奶奶说："奶奶，如果现在站着的人是您老人家呢？"

这一招还真奏效，奶奶立马败下阵来："你自己看着办，真是的。"看着老大爷坐在我的座位上，一脸的微笑，我的心里甜丝丝的……

现在想来，奶奶不肯我让座，也不能怪她，她可是头一次坐公交车，什么也不懂。我想奶奶以后一定不会再阻止我让座的。

童年傻事

陆文琴

岁月流逝，童年已经一去不复返，但是童年的一桩桩趣事至今仍记忆犹新，历历在目，现在想起来，我还会禁不住笑得前俯后仰。

那时，我不知不觉地迷上了画画，尽管画的人缺胳膊少腿的，一个个站在那儿直挺挺，嘟着嘴傻笑，可我依然兴致勃勃地照画不误。渐渐地，我终于有了烦恼，练习的次数不少，可是却没有长进。于是我决定拜我的表哥为师，因为他擅长画画。

我"拜师"的那天正好是星期天。下午，表哥想出去玩，我偶尔翻了一下表哥的书，发现表哥语文书里面的人都被画上了眼镜和胡子。我好奇地问表哥为什么要画这些，表哥当时正要急着出去，便匆匆回答："漂亮呗！"漂亮？我苦苦地琢磨，绞尽脑汁想了半天，总算得出了个结论："画人只要画上眼镜和胡子就是一个漂亮的人。"我为"获取"到画画的"秘诀"得意了好一阵子。忽然，我的目光落在了那本印有影视明星的大挂历上。瞧，她们既没眼镜，也没有胡子，多难看呀！对，我来帮她们画上吧，一来，为了使她们漂亮些；二来，我也能练习练习画画技巧。岂不一石二鸟，一举两得？我连忙搬来一张大凳子，再加一只小凳子，哆哆嗦嗦地爬了上去，把挂历取了下来。

我小心翼翼地把挂历摊在桌子上，找出表哥用过的毛笔，蘸足了墨汁，大笔一挥，就在影星们那漂亮的眼睛上画了两个黑黑的大眼圈。

咦，怎么越看越像"大熊猫"？我赶紧在两圈之间连了一笔，在圈的两侧勾了一笔，哈哈，这下像眼镜了！我又一个个给他们添上了胡子，这下可就符合"漂亮"的标准了。

我一时兴起，挥手给一个个影星都"打扮"了一番，从一月至十二月，一个不漏。画完了之后，我心里像吃了蜜一样，影星们都漂亮了，妈妈一定会夸奖我吧。

想不到，妈妈回家后，大发雷霆，说我毁了一本好端端的挂历，我好委屈，说是表哥告诉我的。自然表哥也要经受"暴风雨"的考验喽！

后来，我妈妈把那挂历给扔了，我却总有一些恋恋不舍。毕竟，那是我的"大作"。

难忘那失望的眼神

李清清

那一天，我像往常一样乘公共汽车去上学。

来到站台时，看到一位老奶奶坐在椅子上急促地喘着气。我以为她和我一样是因为急急忙忙赶到站台而累得喘气的，便移开了视线。我靠在站牌上，静静地等着公共汽车的到来。可过了三分多钟公共汽车还是没有出现。我有些急了，今天本来就起得晚，这下可要迟到了。

这时，我听见从我身后传来一个很低的声音："小姑娘，小姑娘。"这是在叫我吗？我顺着声音望过去，疑惑地指了指自己。只见那位老奶奶吃力地点了点头。见老奶奶点头，我不禁警惕起来："这位老奶奶叫我干什么？我可一点儿也不认识她呀！"虽然我满腹疑团，但还是走了过去。

老奶奶见我走近了，便问道："小姑娘，你带手机了吗？"

手机，老奶奶是在向我借手机……我下意识地按了按书包，带是带了，可我旁边还有一个男孩子呀，正玩着手机呢，她为什么不向他借呢？一时间，报纸、电视、网络上的各种骗人故事一幕幕出现在脑海里。妈妈可是千叮万嘱，不能把东西借给陌生人。更何况，我这"小苹果"，可是舅舅送给我的贵重礼物呢。不过，看老奶奶的眼神，也不像什么坏人呀，她的眼神是那样的诚恳，真让人不忍拒绝。可是，如果她是骗子呢？算了，我还是假装没听见，静观其变吧。

过了一会儿，老奶奶又说："姑娘，你有手机吗？"我正等得不耐烦，没好气地说道："没带。"老奶奶眼中的那种恳切不见了，一脸的失望。我忽视感到自己做得有点儿过分了。

不过，另一种声音很快又占了上风：骗子其实都是装可怜的高手，表演得异常真实，千万要坚持住。可一会儿之后，我看到那位老奶奶仍黯然神伤地坐在那儿，并没有向其他人借，自责又冒上心头。

这时，一位大姐姐走过来等车，手里正拿着一部粉红的手机，老奶奶见状，鼓足勇气向这位大姐借手机，大姐姐毫不犹豫地把手机供给了老奶奶，老奶奶颤颤巍巍地拨通了电话……原来，这位老奶奶今天去女儿家，待会儿下了车还有一段路要走，本来是想走着去的，可突然感到力不从心，走不动了，于是想打个电话让女儿到那边站台接她……

我的心好像被针刺了一下，脸"唰"地红了。我今天上怎么了，为什么就不能像那位大姐姐一样呢？

流泪的狗尾草

　　我等的3路车来了，坐在座位上，老奶奶那失望的眼神不时在眼前浮现，老奶奶不是骗子，而是真借手机用一用呀！可我，竟然拒绝了她，唉！人与人之间的信任真的那么难吗？

　　事情虽然过去好长时间了，但老奶奶那失望的眼神一直刻在我心里，催我反省，让我改变。

老 大 爷

何玉洁

　　清早起来，天就阴得厉害，我急忙背起书包，往车站跑。忽然，狂风大作，电闪雷鸣，豆大的雨点落在我身上。我以火箭的二级推动速度冲到车站牌的小屋檐儿下，由于惯性过大，我撞到了潮湿冰冷的墙体上。揉揉被撞痛的肩膀，我心里难受极了。

　　这时，旁边的一位老爷爷看见我，发现我正站在角落里，便急忙对我说："你在那儿会感冒的，快到我的伞下来！"我感激地挪了过去。风还在呼呼地刮，雨还在哗哗地下，可我一点儿也没有被雨淋着，原来老爷爷把伞移到了我的这一边，而他的一侧衣服也已经湿透了。我心里顿时涌起了一股暖流。

　　车来了，人们蜂拥而上，挤在车门口，我被挤到了后面。唉，谁叫我人小势单呢！可是我也不甘示弱，发挥了"钉子精神"，双手紧握车门边的铁杆，使劲儿往上挤，终于挤了上去，可是车门却关不上。原来是我后背的大书包惹的祸！这时，车里像炸开了锅。

"再挤挤,再挤挤!"司机不耐烦地喊道。"快点儿吧,我都该迟到了!""再迟到我又该挨领导批了!""快点儿开车吧!"大家你一句我一句地嚷嚷着。这时,一位阿姨瞅了我一眼,说:"你快下去吧!等下辆车,要不大家谁也走不了……"听了这话,被卡在车门边的我差点儿哭了。我又冷又没带雨具,而且再等下辆车肯定会迟到的。这时,一个声音又在我耳边响起:"大家都别急,这孩子在风雨中等了好长时间了,更重要的是她还要上学,别耽误了功课,我先下去吧。"听了这话,我急忙四处寻找那个好心人,原来是他——和我一起等车的那位老爷爷,一股暖流再次涌上我的心头。说话间,老爷爷便挤到车门前,扶着栏杆,艰难地迈下车梯……终于,他挤下了车。站在雨中,他还不忘把我往上推一推,车门关上了。

车渐渐启动了,老爷爷的身影离我越来越远,但他的形象在我心中却越来越清晰。其实,幸福就是如此简单:一个温暖的眼神,一个关爱的举动……过去我总觉得幸福离我很远,似乎幸福本来就不属于我。但那次,我却感到幸福其实离我很近,就在我身边。我捡拾起这份儿身边的感动,珍藏在心间,永不忘记。

烛光里的妈妈

丁学良

再过几天就是妈妈三十八岁的生日了,十三年来,妈妈含辛茹苦地把我养大,在妈妈生日到来之际,我想送妈妈一个惊喜。

这天中午，我趁妈妈在煮饭之时，蹑手蹑脚地走进电脑房："爸，能给五十元钱吗？""五十元？"爸爸惊叫道。"嘘！爸，妈妈大后天就要过生日了，我不就是想买份礼物，给妈妈一个惊喜嘛……"我使出必杀技——撒娇，老爸乖乖从口袋里拿出一张五十元大钞。第一步行动计划成功！

眨眼星期六到了，明天就是妈妈生日了，这天妈妈刚好去办事，要明天下午才能回来。哇！真是天助我也！快实施第二步行动计划吧！首先当然是扫地啰，瓜子壳、包装纸、纸屑……好不容易才把家里扫干净了。接着拖地，我拿出拖把，使用吃奶的力气，终于把地拖得水晶一般光滑。此时此刻，累得都快散架了，但第二步行动计划也终于大功告成了！

下午，我决定上街去给妈妈买礼物。"阿姨，这个手提袋多少钱？"平时妈妈总是想有一个美丽的手提袋，可是又舍不得花钱，我今天要替她完成心愿了，"四十！""啊，这么贵，看这也不怎么样啊！一口价二十五元，卖不卖！"我像一个小大人。"不行！"我"三十六计，走为上计"。其实，我多么喜欢那只手提袋呀！可是没办法，只好装出不在乎的样子抬腿就走。"小朋友，大家各退一步，三十元，行不？""好！"我捡便宜了。我又用另外二十元买了一块蛋糕。第三步计划同样顺利成功！

万事俱备，只欠东风。妈妈在我的千盼万盼中终于回来了，她看着眼前整洁干净的地板，顿时惊呆了。我连忙拿出手提袋："妈妈，今天是您三十八岁的生日，谢谢您十三年来对我的照顾，我已经长大了。妈妈，祝你生日快乐！我爱你！"妈妈一下子抱住我，接过袋子，说："妈妈也爱你……"看得出，烛光里的妈妈是那么的幸福。

音乐响起，烛光摇曳，我们一家人都沉浸在爱的海洋里……

刻在心底的"感恩"

刘 星

亲爱的爸爸、妈妈：

从我来到这个世界上起，我就被你们当作"珍宝"一样看待。你们买来了大量的科学育儿书籍，像个小学生似的，认真地学习。从营养的搭配、智力的启蒙、兴趣的发展到孩子健康心理的培养，使我在孩提时代就表现出超常的智慧，总是引来其他家长羡慕的眼光。可口且营养的饭菜，让我面色红润；漂亮而质优的衣服，令我美丽自信。记得我小时候，差不多我所有的要求，都能得到你们全部或变通的满足。你们从来没有对我进行过训斥，更没有打骂过。虽然现在看起来有些溺爱，可这又是一种多么无私、伟大和崇高的爱啊！

等我上学以后，你们更是在家里给我提供了一个宽松、和谐的求知环境，由于我是跳级上的小学，再加上年龄小，学习起来一下子感觉很困难。写字的笔在手中是那么不听使唤，数学的计算题也偶尔出错……面对困难，妈妈你总会带着微笑，帮我分析原因，让我别急于求成，勇敢去面对，不给"失败"得逞的机会。同时，鼓励我多进行思考，不去计较分数，努力去掌握学习的方法，试着去学会学习，学会生活，学会做人，学会创造。当然，我与妈妈有时也会争吵。而我们每次发生争吵时，我总是占不到便宜，因为，最终你的话总是能让我感觉是很有道理的。我们是母女，更像是朋友。谢谢你们让我总是有足够的自信，能够微笑着面对生活，接受生活与学习中的所有挑战。

　　为了这份爱，我要感谢你们——我最亲爱的父母！尤其要感恩爸爸，每当看到您因脚痛而不经意的皱眉，我的心都隐隐作痛。因为在我小的时候，您因球赛受伤在家休养，而我却不停地让您抱我跑来跑去，还得当马骑，害得你脚腕上的小骨头一直断在肉里，没能长上。我特别不能原谅自己的是，在我小学四年级的时候，为了班级的荣誉，我逼着您去参加了家长运动会，使你再一次拉伤，而且是在受伤的情况下，您争得了全校家长运动会的跳远第三名。我将终生不会忘记爸爸您离开时对我深情地说的那句话："孩子，对不起，爸爸没有给你拿第一名。"爸爸、妈妈，你们从来也没有对不起我，你们永远是我心中的"第一"。在我生病时，细心照料我的是你们；在我考试失误时，诚恳安慰我的是你们；在我遇到挫折时，在一旁鼓励我的也是你们。爸妈，你们就是我的启蒙老师，我最爱的人。

　　鲜花感恩雨露，因为雨露滋润它成长；苍鹰感恩长空，因为长空让它飞翔；高山感恩大地，因为大地让它高耸；我感恩你们——我的父母，是你们给予我生命，给了我一个温暖的家，一个富足的家，一个充满着浓浓知识氛围的家。

　　今天，我写这封信给你们，同时也把这封信永远地刻在自己的心底。因为当一个人知道"感恩"的时候，生活便少了抱怨，多了珍惜，懂得了关爱；当一个社会知道"感恩"的时候，世界便少了纷争，多了和谐，加快了发展。就让我永远怀揣这"感恩的心"，去感谢命运，热爱生活，学习知识，做好自己吧。

　　此致
敬礼！

你们的女儿：刘星
×年×月×日

家和万事兴

李小娴

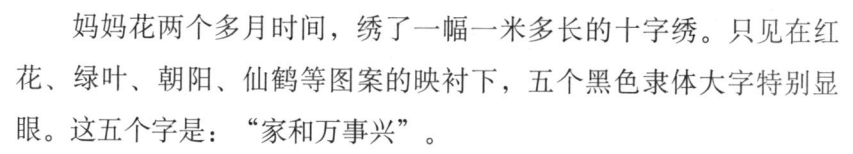

妈妈花两个多月时间,绣了一幅一米多长的十字绣。只见在红花、绿叶、朝阳、仙鹤等图案的映衬下,五个黑色隶体大字特别显眼。这五个字是:"家和万事兴"。

爸爸对我说:"你可别小看这五个字,这是我们家的'传家宝'呢。我们李家几辈子人都以这五个字作为立家之本,夫妻相敬如宾,长幼互相体谅,平辈你谦我让,大家和和美美,彼此包容,共同进步,那可是十里八乡都有名气的呢!"

爸爸说得没错。在我的印象中,爷爷和奶奶几乎从来就没有红过脸,斗过嘴,更不用说恶语相加,大打出手了。爷爷犯个什么小错,奶奶总是好言相劝。奶奶有什么做得不妥的地方,爷爷也是悄悄地提醒她,他们就像一对多年的老友,知己知彼,心心相印。而我们族中的其他老一辈,也都是温文敦厚,你敬我一尺,我敬你一丈,相互客气得不得了。

爸爸、妈妈虽说已经四十岁出头了,是典型的"七〇后",但他们也很新潮,都有着自己的个性,在许多问题上常常有不同看法,譬如对我的教育,妈妈就主张以严相待,必要时甚至可以"棍棒相加";爸爸却不同意这种做法,主张顺其自然,认为还是让孩子自由发展的好。可就是这样一对针尖对麦芒式的夫妻，居然也能凡事心平气和地进行商讨，就算有时争得脸红脖子粗，但一转身又握手言和，绝不伤和气，更不会伤感情。而爸爸妈妈在对待小叔、大姑、小姨及他们的家人时，更是特别的亲，惹得表姐表弟们总爱往我家跑。我想，这也是咱李家"以和为贵"的家风开出的花朵，结出的果实吧！

由于生在这样一个特别的家庭中，天长日久，我也受到了熏陶，不管遇到什么事，总是先习惯性地压压性子，然后再开口说话。而且说话以诚待人，绝不挖苦讽刺，绝不阳奉阴违，绝不盛气凌人，同学们都称我是小绅士呢！爷爷奶奶也夸我深得李家家风的精髓。

"老祖宗留下一句话，家和万事兴，妻贤福星广，母慈儿孝敬……"听着这动听的歌声，我暗下决心，长大后一定要牢牢记住家中十字绣上的那五个饱含深意的大字，把"家和万兴事"深深刻在心底，让小家充满和气，充满生机，充满幸福。只要我们每个小家庭都和和美美，和心向上，何愁我们的国家不太平安定？

妈妈，我想对您说

沈婳婳

时光荏苒，十二年的成长历程有如一场多彩的梦，然而在记忆的长河里，感受最深的那便是您对我的爱。

黑暗中，当我吹灭了那十二支静静闪烁的蜡烛时，心中便清楚地知道："我已经长大了。"可是纵然一切都会改变，我对您的依恋却越来越深，依恋您轻轻的拥抱，依恋您温柔的关怀，依恋您掌心的温度……

冬日的您，总爱将我的手紧紧握住，任寒风凛冽地刮过您的手背。尽管您的手背已经冻得通红，可是您的手心却永远那么温暖，我用心地珍藏这一份温馨。即使是在冰天雪地的寒冬腊月，只要能感受到您掌心的温度，我的世界便依旧沐浴在灿烂的春光下。

不经意间，我早已不用您的陪伴就能入睡。可是那晚，我仿佛又变成了年幼的孩子……

五年级期末考试的前夜，我因紧张而无法入眠，要知道这会造成多么严重的后果！窗外，雷雨阵阵，我的内心伴随着午夜十二点钟声的敲响开始越发烦躁。您悄然来到我的房间，像小时候那样将我轻轻搂入怀中，奇迹似乎发生了，我的心瞬间竟归于平静，一切也都在这一瞬间变得美好起来，我觉得自己沉浸在温暖与幸福之中，就像一条鱼重新回到了水中一样，浑身充满着力量。因为有了您的抚慰与呵护，我顺利地完成了考试。

妈妈，您知道吗，在我心中，您就是天使，时时刻刻守护着我，在您柔软的羽翼下，我感受到了母爱的伟大力量。多少次想说出我的感激，现在我要将千言万语凝结成一句话：妈妈，我爱您！

爱总是藏在细节中，只要你用心去体味，就一定能找到！——妈妈，谢谢你用爱教给了我这些。愿您永远幸福安康！

成功是用汗水换来的

赵 雅

爱迪生说,天才就是百分之一的灵感加上百分之九十九的汗水。我不是天才,但人生的经历告诉我,成功要用汗水去换取,没有努力,就没有收获。

那是一节体育课,全班同学整整齐齐地站在操场上,我的心"咚咚咚"直跳,眉头皱得紧紧地。

原来,学校要教我们一套新的广播操,并准备举行会操比赛,个子高大的女体育老师严厉要求道:"这套广播操律动性强,讲究协调性,要想把动作做到位,优美好看,绝非易事……谁不好好做,对不起,那我请他到前面来示范。"老师把"请"字说得特别重,威严的目光扫在我们脸上,冷飕飕的。说完,便在音乐声中,给我们示范了一遍广播操。

天哪!我一下地头就大了,我虽是淑女一个,但动作协调性非常不好,一般都是直来直去,非常生硬,毫无美感可言。这套韵律操我能学好吗?我会不会被老师"请"上去呢?

老师开始教预备动作了,"伸手,伸手……抬腿,抬腿……转头,转头……"老师一边分解动作,一边进行解释。我跟在后面,手忙脚乱,动作完全走了样。

"赵雅，你出来把第一节做一遍。听口令，预备，一、二、三、四……"

我呆若木鸡，大脑一片空白，只是象征性地抬了抬手，踢了踢腿。老师的脸顿时阴了下去："你为什么不好好练？大脑在想什么？你想拖全班的后腿吗？亏你还是个女生，居然没有男生灵活……"

班上不少同学在偷笑，有的还对我挤眉弄眼，扮起鬼脸。我的肺都气炸了，耷拉着脑袋，抹着眼泪，有气无力地站回队伍里。接下来的学习，我只能依葫芦画瓢，应付了事。一节课下来，老师都教到了体侧运动了，可我似乎什么也没学会。

怎么办？怎么办？难道就真的这样应付下去吗……

一转眼，星期一到了，又上体育课了。体育老师说："谁来做做上一节课教的广播操？"我的死对头——一个绰号叫"李大炮"的男生阴阳怪气地说："赵雅肯定做得不错，给我们来一段怎么样。鼓掌！"我知道，他这是在整我呢，大家都等着看我的笑话！

我的脸不禁红起来，在这节骨眼上，大家竟然真的鼓起了掌。怎么办？不出列看来不行了。不等老师点头，我便站到了队伍前面，连老师也露出惊讶的神色，她大概想起了我就是上节课的那个"笨笨女"吧。

音乐响起，伸展、握拳、踢腿……我面带微笑，娴熟地做起操来。做完后，体育老师带头鼓起掌。我知道，"李大炮"的眼珠子一定瞪得差不多要掉地上了。

笨手笨脚的我，为什么一下地把广播做到这么好呢？在上一节体育课上，我就暗下决心，双休日回去，一定要通过苦练，把广播操做好，做得完美无缺，让人叹为观止。

星期五晚上，我破天荒地没看湖南台的"天天向上"，加班加点赶作业。第二天一大早，便起了床，打开电脑，跟视频学起了广播操。勤能补拙，我坚信，我这个堂堂的学习班委，肯定能搞定这套广播操。

半天下来，虽然身上全部被汗水泡湿了，累得骨头快要散架，但我已能有模有样地把前五节做完。对着镜子，看着自己柔美的动作，我的脸上不禁露出了快乐的笑容。

下午，我继续做作业，晚上的"快乐大本营"又没看，为的是挤出时间，周日继续练习广播操。我那时的想法是，不仅要把老师已经教过的做好，还要自学后面的。功夫不费有心人，我终于成功了。当然，我还得感谢"李大炮"，要不是他故意整我，我可没有这么好的机会扬眉吐气。

通过这件事，我的体会是：汗水与泪水的化学成分相似，不同的是，泪水只能为你换来同情，汗水却能为你赢得成功。

一份特殊的报纸

肖 海

期中考试后，班主任领来一位新同学，当她站在教室门口时，大家都惊呆了——竟然是一个拄着拐杖的残疾人。

这位同学叫邓梅，上四年级时不幸遭遇车祸，被截掉了一条腿，从此只能拄着拐杖上学了。这个月，她的爸爸调到我们镇上工作，她便转学过来了。

老师安排邓梅和我同桌，希望我这个班长能多帮帮她。我发现，邓梅的自卑心理很强，很少跟人交流，做什么事都打不起精神，成绩也不怎么样。这大概与她失去一条腿有关吧。

怎么帮助她，才能让她鼓起信心和勇气呢？

读到残疾人廖智的故事后，一个计划悄然在我头脑中形成。廖智，从小就热爱跳舞，后来成了舞蹈学校的一名舞蹈老师，但汶川大地震夺走了她的双腿，就在大家都认为她将无法跳舞的时候，她居然没有弃自己所热爱的事业，忍着伤痛进行练习，最后不仅舞上了《舞林大会》，还受邀在全国第八届残疾人运动会的开幕式第三场《生命之光》中担任主角，获得了成功。如果能多搜几则身残志坚的故事，编成一份特殊的报纸，送给邓梅阅读，或许能开启她的心扉，点燃她心中的希望之灯。

说干就干，我负责搜集材料，共搜集到了海伦·凯勒、奥斯特洛夫斯基、高士奇、张海迪、霍金、克利斯帝·布朗等十人的故事，然后请"电脑小博士"李文浩利用电脑进行版式设计，接着，劳驾妈妈到单位用打印机打印了出来。不到两天，这张仅为一个读者"出版"的特殊小报就做好了。

放晚学的时候，我对邓梅说要送一件礼物给她。她睁大眼睛，不知我要送她什么。我把装有特殊小报的信封轻轻地放到她手上，告诉她希望她喜欢。看着邓梅拄着拐杖运去的背影，真希望这张小报能把她带出阴影。

我猜想，那天晚上回去后，邓梅一定是噙着泪水把小报连看了好几遍，内心受到了极大的触动。因为第二天早上遇到她时，她对我露出了久违的微笑，那笑中分明有了一些自信。而在以后的日子里，邓梅真的开始改变自己了……

相信我的这位同桌一定能坚强起来，快乐起来，成为一个真正的强者。

虽败犹荣

邹 霁

　　八百米女子长跑就要开始了,运动员们站在起跑线后,个个全神贯注,如箭在弦。"砰!"发令枪刚一响起,所有运动员都把全身力量使了出来,个个像脱缰的野马,奋不顾身地冲了出去。操场上"加油"声响成一片。

　　我班的王娟同学一马当先,稳稳当当地跑在队伍最前面。同学们别提多高兴了。然而在跑到第二圈时,我发现,王娟用右腿连蹦了两步,另一条腿好像变得僵硬起来。不过,就只那么一刻儿,接下来,王娟又表现正常了,撒开大步,直向前冲,汗水挂满了她的脸,她皱着眉头,大口呼吸空气的同时,还不时咬一咬嘴唇。同学们挥舞着彩旗,敲着从学校文艺队借来的锣鼓,替王娟呐喊助威,班主任的脸笑成了一朵花。看来,这块金牌非我班莫属了。

　　就剩下一百米,冲刺开始了,运动员开始了最后的发力。"王娟,加油!""王娟,冲啊!"甚至有人喊出了"王娟,我们爱你!"场上气氛一下热到了顶点。

　　然而,我们发现,我们的英雄王娟,竟然在离成功只有一步之遥的地方,越跑越慢,由第一变成了第二、第三、第四……

　　看着跑在队伍最后的王娟,听着别的班级的叫好声,我班的同学像一只只泄了气的皮球,个个低下了脑袋。

王娟在离终点线还有两米的地方突然跌倒了,她抱着左腿一脸痛苦。我突然想起她刚才用右腿蹦走的细节,突然想起了她脸上的大汗和那个咬嘴的动作,突然想起她说过,她的腿爱抽筋,特别是剧烈运动时……在比赛前,她不是还曾担心,有"小神鹿"之称的她,会不会栽在那该死的抽筋上?

我一下恍然大悟,猛地冲上去扶起王娟,帮她敲腿。王娟站稳了,虽然她满脸豆瓣大的汗珠,但她仍咬着牙,一步一步挪向终点线……

全场爆发出了最热烈的掌声,那一刻,我觉得,王娟虽败犹荣。不,她就是冠军!

松　　绑

张悦文

"快点儿做作业,别总是磨磨蹭蹭的。""吃慢点儿,别噎着。""别躺着看书,对眼睛不好。""路上看着点儿车,别埋头只顾走。"……

"唉!人活着真累!父母,老师,这样那样的规定就像一根根看不见的绳索,把我们五花大绑,绑得我们快透不过气来。""那么,你想要松绑吗?"我被这声音吓了一跳,不知从什么时候,我的身后已经站了个奇怪的小人儿,还没等我反应过来,一道刺眼的白光闪过，我顿时失去了知觉。

等我醒来时，太阳已经升得很高了，我看了一眼墙上的挂钟，"九点！"我一下子从床上跳了起来。我一边飞奔出房间，一边大声嚷道："妈，你怎么不叫我，我都快迟到了。"过了好半天，妈妈才慢悠悠地从房间出来，不慌不忙地说道："这有什么，没事儿。""啊？妈，你……"虽然满心的疑惑，可我也没时间多想了，拿出百米赛跑的劲儿，一路奔跑，来到了学校。

学校里闹哄哄的，比那菜市场还要热闹几分。奇怪！看表：九点三十分。现在明明是上课时间呀，可走廊里有不少同学走来走去，一片喧闹。老师呢？他们不管吗？今天到底是怎么了？我赶紧跑到教室，"对不起，老师，我迟到了。""没关系，你进来吧！"真好，老师居然没批评我。当我还在为自己躲过一劫而暗自庆幸时，老师的话又让我目瞪口呆："同学们，从今天起，我们不用上课了，你们可以尽情地玩，做自己想做的事情了。""什么，不上课？""可以玩儿哦！"同桌的脸上一脸兴奋，不，应该说每一个人的脸上都洋溢着兴奋。我渐渐地缓过神来，想到自己可以随心所欲地玩了，心里别提有多高兴了。

可是，玩什么呢？看电视，都是些肥皂剧，没劲儿；玩网游，玩来玩去也就那样虚无，没意思；丢沙包？拜托，那么幼稚的游戏，现在谁还玩呀？教室里真吵，吵得人头都大了，老师和校长都不知道来管一管吗？还有，我们真的不用上课了吗？不学些知识，我们将来到底能干什么呀？我困惑了。

"这不都是你希望的吗？"那个奇怪的小人儿，不知又从哪儿冒出来。"原来是你搞的鬼，求你了，快变回去吧，我实在是受不了。"我近乎哭道。"你不是要松绑吗？现在给你松绑，怎么又受不了了？记住：你们就像小树一样，只有被绑着，才会长得直，成为有用之才；如果松了绑，任其生长，只会长得歪歪扭扭，毫无用处，最

后被扔进火炉里！"

"喂，你怎么趴在桌子上就睡着了？"同桌推醒了我。

幸好，只是一场梦。

感 动

陈春花

去年冬天的一个晚上，北风呼呼地吹，气温很低。从外婆家吃完晚饭回家，已八点多了。家中的煤球炉不知什么时候熄了，刚从厂里加班回来的妈妈见邻居刘叔叔家的厨房里还亮着灯，便让我去过个炭火回来。

刘叔人称刘师傅，四十多岁，他本来和刘婶在一船队工作，前年下了岗，经人介绍，从先前的邻居手中买下了现在这房子，在小镇上住了下来。刘叔说是师傅，其实并不会什么手艺。起初，跟人学着做生意，谁知一下就折了好几万元。无夸，只好风里雨里，走街串巷，收起了废品。刘婶白天开一辆电瓶车替人家送货，晚上到中学门口煎菊花饼卖，更是辛苦。

用火钳夹好一只煤球，裹紧大衣，三步并成两步走进刘叔家的院子，走进刘叔家的厨房，屋内暖暖的，一股牛肉香扑面而来，刘师傅和儿子围坐在煤球炉旁，一个在小本子上记着什么，一个正趴在小方凳上做作业。炉上的铁锅呼呼冒着热气。

我说明来意，刘叔爽快地帮我换起煤球来，说："今天是自己的生日，可自己都忘了，下午出去收荒跑远了点儿，到家时天早黑了，儿子说妈做了几个菜，想等我回来喝几盅，可他妈左等右等都没等着我，眼看着学生下自修了，便忙着去摆摊了。我让儿子先吃，可他不肯，这不，我们都正等着她回来呢。你见着她了吗？"

听着刘叔的话，我的心头不觉一热，人苦点儿、累点儿、穷点儿算什么，能拥有这浓浓的亲情，真是太幸福了……

老土理发店

王　妍

随着人们生活水平的提高，审美意识的变化，街头巷尾的理发店变得越来越新潮。可我家旁边的那家理发店却不为所动，仍然保持着最老土的风味。

你看，几乎所有的理发店都有一个漂亮的名字，什么"发艺轩""魔发师""青丝缕缕""艾里碧丝""蒙娜丽莎""巅峰之秀""浪漫飞丝"……让人应接不暇，而且家家都有霓虹灯闪烁的广告箱，五光十色，变幻无穷，充满浪漫气息。可这家理发店什么也没有，门是木板门，地是砖铺地，墙是掉了渣的石灰墙，真是土得一塌糊涂呀。

别的店里的理发师一个个都是俊男俏女，全都身着奇装异服，整日放着最新流行的歌曲。可这个店里的两名理发师是叔侄俩，叔叔比我爷爷小不了多少，头发稀疏花白，身着中山装，侄子虽说清秀得多，却一身规矩衣，唉，真是土得掉渣呀。

再看看这个店里的设备吧，全是老一套，最先进的就是一把电吹风，其他什么"离子烫""按摩椅"，一样也无。只有两把破旧的椅子给客人坐，另外还有两把长凳供其他人在一旁等候。上面吊着那台电视机，已经快成古董了。真是土得寒碜。

可就是这家老土的理发店，顾客却真不少，老老少少的，整日有进有出。

原来这家理发店，水永远是温热的，镜子永远是干净的，器具永远是整洁的，收费永远是低廉的。理发师总是一边理发，一边与顾客聊头，东家长，西家短，人情味非常浓。再加上电视机里不时放上一段地方剧，老年人当然爱往这里奔了。

而许多孩子是被家长牵着送来的，因为那名老理发师年纪虽大，可阅历丰富，博学多才，见父母，他就跟父母聊子女教育，聊他是如何调教出国读博后又归国工作的大儿子的，聊他正在北京读研的小孙女是如何成才的，几十年的育子教孙经验，怎能不吸引人？见孩子，他就跟孩子们聊谁儿时怎样，现在出息，不忘父母，将父母接到身边去颐养天年，共享天伦之乐；谁不好好学习，不尽孝道，遭人唾骂了，那个语重心长，真是胜过良药千服呀！你听听，这些话题肯定要比那些新潮理发店里的明星八卦要有趣"实惠"得多吧！

这家理发店看来并不"土"呀！

朱记水饺店

赵丽晴

出家门往东步行大约二十米,有一家水饺店,是朱爷爷和朱奶奶开的。

说是水饺店,可实在是太寒碜了。所谓店面,就是在两座房子之间的夹巷上盖了几片钢瓦,后面砌上一堵墙,仅能遮风挡雨而已。店里很狭窄,摆了两张方桌后,再站几个人,就显得有点儿挤。屋内更谈不上什么装潢,红砖墙上糊了一层旧报纸,有的地方被熏得黑乎乎的,很不"雅观"。至于高档酒店里的背投、空调、卡拉OK等电器,在这里更是不见踪影,甚至连一台黑白电视机也没有。而那盏孤零零的白炽灯,则不由得让人怀疑这是否回到了二十世纪八十年代。

但你可别小瞧这土得不能再土的饺子店,生意竟然出奇的好。可以毫不夸张地讲,上到九十九,下到刚会走,只要来这家小店里吃上一回饺子,一准赞不绝口,流连忘返。

是什么原因让这家饺子店如此红火?难道他们有家传秘方不成?

当然不是,他们的饺子之所以好卖,一是馅儿新鲜而又合着时令,春天有荠菜瘦肉馅儿,夏天有韭菜螺蛳馅儿,秋天有青菜香菇馅儿,冬天有芹菜羊肉馅儿……肉是上等的好肉,蔬菜是自家长的"绿色食品",汤是野生鲫鱼炖的汤,味道怎能不好?二是饺子分量足,薄利多销，以前是一元一碗，现在虽说涨到四元一碗了，但那碗可是"海碗"哩，一碗能盛十五只饺子，保证你能吃饱。三是店主特别热情，见人一脸笑，送客还是一脸笑。四是店主特别讲诚信，今年春天，由于天特别干旱，朱爷爷家长的野荠菜大多都枯死了，有人建议他去市场上买外地的"大棚荠菜"，价格虽便宜，但味道要比本地的土荠菜差得多。朱爷爷没有这么做，而是花大价钱向同村人购买本地荠菜，这事儿传开来，人们无不竖大拇指。

然而上天偏偏跟朱爷爷朱奶奶这样的好人过不去。前年，他们才三十岁的儿子在一场车祸中丧生，儿媳妇改嫁，白发人送黑发人，这样的打击，无疑让老两口心如刀割般疼痛。但他们并没有因此一蹶不振，而是很快便振作起来，继续每天早上三四点钟便起床炒馅儿、加工饺子皮，而且一如既往地诚信经营。朱爷爷朱奶奶说，他们要赚钱供孙子上大学。

你说，有这样的店主，有这样的美味饺子，朱记水饺店寒碜一点儿，又有什么关系呢？

心中的珍藏

许晨露

多年来，那家简朴的饺子店，那对和蔼可亲的老人，那别有一番风味的水饺，一直在我的心中挥之不去，深深吸引着我。这不，今天一大早，我又来特意赶来尝鲜，改善改善早餐了。

迎着凉丝丝的风,我用力蹬着自行车,一是为了节约点儿时间,因为今天起得有点儿晚了;二是为了早点尝到那新鲜可口的荠菜肉馅儿饺。近了,更近了,我终于来到熟悉的饺子铺前,飞快地支好自行车,急呼呼地跨进门去。

走进小店,一切依旧。小小的店面虽然不大,却简朴整洁,给人以一种家的感觉。店堂内几张桌子旁,坐着不少顾客,有的正吃得津津有味,连连叫好;有的一边玩着手机,一边不时抬头向不远处的内间望去,脸上写满期待……这家饺子店,不仅价格公道,更为主要的是饺子大,馅儿足,味道鲜,鱼汤正宗,难怪大家都特别喜欢。

我信步来到操作间门口,热气腾腾,香味扑面,令人垂涎欲滴。淡淡雾气中,只见一位老太太坐在靠门的小桌子边,正低头包着小饺,她的动作是那样麻利,神情是那样专注,包出的饺子是那样好看。店主爷爷正在锅旁专心地煮着饺子,灶台上托盘里一排的大碗,等待着出锅的水饺;老板娘见我来了,忙大声说道:"这位小同学请外边就座,水饺稍后才有。"

我就近找了一个座位坐下。老板娘嘴里和我说着话,手里却没闲着,迅速地往各个碗中加不同的佐料。水饺终于熟了,店主爷爷用漏勺飞快地从锅中舀起水饺,一眨眼的工夫,所有的碗便都满满当当了。虽然我肚子里的馋虫正在蠕动,虽然我知道今天的时间太紧张了,但能有什么办法呢?我不停地看表,不停地擦汗,一脸焦急。看来,只能等下一锅了。

谁知就在这个时候,老板娘把一碗水饺端到我面前,说:"小姑娘,你先吃,你们学生时间金贵着呢。我跟那位叔叔说好了,让他再等一会儿,到时我给他加两只水饺。你吃好再给钱……"我连声道谢,一种感动涌上心头。

用筷子夹起一只饺子,透过薄薄的饺子皮,可以看到里面的翠绿,忍不住咬上一口,正宗的野生荠菜味,再加上瘦肉香,味道真是太美了。喝一口饺子汤，这鱼汤炖得色白质浓，清爽可口，更是令人欲罢不能……

吃完了饺子，一摸口袋，糟了，早上来得匆忙，竟然忘记拿钱了。老板娘见状，说没事，你也是我们店的常客了，随便你什么时候给。就是忘了不给也行，就算奶奶我今天请客，酬谢你这个多年的老顾客。

这话说得我心里暖暖的。不过也确实如此，从记事起，我就经常在这家饺子店吃饺子，差不多十多年了，那时店主夫妇头发还没白呢！这些年，岁月的沧桑在他们身上刻下了层层痕迹，但他们的热心肠依然如旧呀！

走出饺子店，忍不住再回首看上一眼，那片简朴而温馨的空间，那对忙碌的老人，那些温暖的话语……这一切，怎不值得我好好珍藏呀！

其实，我要永远珍藏于心的，还有一个虽简单却值得我们一辈子去努力的道理，那就是：即便是再普通的人，再普通的职业，再普通的环境，只要你用心去做，也就能像饺子店的那对老人那样，被人深深地刻进记忆，藏到心底。

在尝试中成长

郑远大

天空总是蓝色的，云朵总是白色的，草场总是绿色的……我开始厌倦大千世界的色彩。

父亲似乎看穿我的心思，要与我玩个游戏，打个赌，要求很简单，用布把眼睛蒙上，在规定的时间内不得拉下布。反正，我也显得无聊，就答应了。

我饶有兴致地找来一块不透光的布，二话没说就把眼睛蒙上了。在漫长的等待中，我想还是走到房间，躺在床上，这比起坐着干等要好得多。"哦，好痛。"没走出几步就撞上东西了，我开始变得更加小心，努力回忆着家里通道的结构，每前行一步，都得探着身子，手摸着墙壁慢慢地前进。好不容易摸着床沿，就势倒下，"咚"的一声响，头重重地撞在墙上。我嘶叫起来："不玩了。"正想奋力地将蒙在眼上的布扯下，"你打过包票的。"一个声音从黑暗中传来。我松开手，放在疼痛在脑门上。

周围静得很，我让自己努力做到什么都不去想，但是失落、寂寞、孤单开始在心里蔓延。实在没法憋住了，我大声喊话："爸、妈，你们说话呀。"没人回应，"奶奶，你不最爱我的吗？你在吗？"还是没人。

我只得尝试着走到庭院。的确好了很多。我感觉到暖烘烘的阳光洒在我的身上，昨晚刚下的一场雨，空气里还弥漫着清新的泥土的气息，微风里夹杂着花的芳香……我顿时觉得一切美好的事物都萦绕在我的身边。我顺着孩子们笑声的地方走去。"是谁用脚绊倒我的？"我倒在地上，膝盖骨就像火烧一般的痛。我愤怒地用力将布扯下，看一下是哪个不识趣的家伙敢用脚绊倒姑奶奶我，我要让他吃不了兜着走。"原来你们都在，看我笑话不是吗？"我叫嚷起来，爸爸，妈妈，奶奶一家人正围着我笑哈哈的……

游戏结束了，但我不禁想道：只有尝试过了黑暗，才会珍惜光明；只有尝试过了伤痛，才懂得拥有的重要；只有尝试了失败，才会迎来成功……只有在尝试中成长的人才可以品尝到幸福的滋味啊。

长大的感觉

许光明

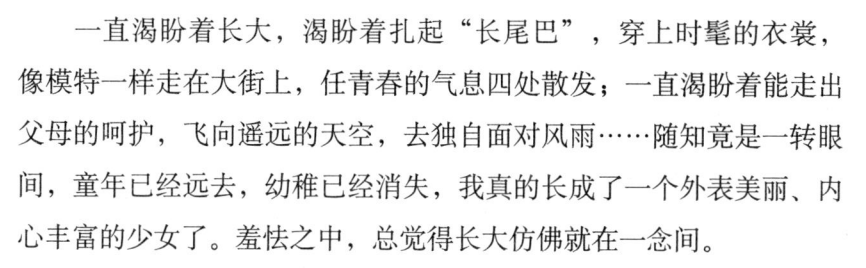

一直渴盼着长大,渴盼着扎起"长尾巴",穿上时髦的衣裳,像模特一样走在大街上,任青春的气息四处散发;一直渴盼着能走出父母的呵护,飞向遥远的天空,去独自面对风雨……随知竟是一转眼间,童年已经远去,幼稚已经消失,我真的长成了一个外表美丽、内心丰富的少女了。羞怯之中,总觉得长大仿佛就在一念间。

长大是一种怎样的感觉呢?

下雨了,会自然而然地撑把伞,漫步在迷蒙的细雨中,用心去感受那独特的温馨;而不会再像小时候那样扎进雨帘中嬉闹,不在乎自己被淋成"落汤鸡"。当别人夸奖自己时,脸上会不由自主地飘来两朵红云,而不像小时候一脸天真,只会歪着头傻笑。当遇到开心事,不再像小时候那样,高兴得手舞足蹈,甚至得意忘形;而是故作沉静,保持矜持,然后慢慢地去品尝那无比的激动。而遇到烦恼、伤心、痛苦、失败时,总爱把满腹的心思写进粉红色的日记,然后擦干泪痕,无比淑女状地从众人面前轻轻走过……哦!长大的感觉就像是雨后萌发的嫩芽,花瓣上羞涩的露珠,含蓄而美丽。

长大了,对未来的渴望变得更多,但对过去的回忆也经常爬上心头,一丝甜蜜,几丝惆怅。

步入青春期，就意味着已走过幼稚与成熟的分界线，站到了成熟的起点，回望曾经的我：天真、爱哭鼻子，又耍赖皮，常把邻居家的猫吓得东躲西藏，或且和伙伴上蹿下跳踩坏大伯刚种的幼苗……那时的我甚至会为妈妈含笑端来的荷包蛋悄悄掉下"金豆豆"；那时的我刚才还阳光明媚，转眼便阵雨骤至。

可此时的我，面对无数美好的回忆，只能将它们锁进记忆。长大了，就应该变得沉熟，坚强，多向前看，以微笑面对挫折；长大了，就应该收起天真和幼稚，学会沉着冷静；长大了，还应该学会承担与责任，理解和包容……我真的感受到了自己所肩负的期望，它虽沉，但值得我为之一搏。我会努推开迷茫，穿越彷徨，迎着远方那盏明灯执着向前。

金色的童年固然美丽，但五彩的季节更令我着迷，为了一路成大，让青春开出最美的花朵，结出最饱满的果实，即使前面是荆棘，我也不会停下脚步。

长大的感觉真好，有冰激凌的甜爽，也有青草莓的酸涩，有花朵的芬芳，也有流行的浪漫……

成长回眸

徐雅诗

和煦的春风滋养着街边的花骨朵，花儿要成长；沁甜的湖水滋养着水中的鱼骨朵，鱼儿要成长；宁静的天空滋养着

我们，伴随着点点青涩的记忆，我们在渐渐成长。

——题记

回首成长路，故事一串串，关爱一串串，感恩一串串……

小 时 候

我自小就比较腼腆，见到生人都不敢问好。妈妈为了改变我的腼腆的性格，培养我的交际能力，每次都让我自己去买饮料。第一次，我在妈妈的百般催促下扭扭捏捏地走到店员面前，半天憋不出一个字来。店员也正忙得焦头烂额，根本没有注意到站在一旁等了许久的我。而一旁买东西的人们早已将我一点点挤出了柜台边，我满头大汗，很想喊一声，却怎么也不敢。我回头看向妈妈，她正在用坚定的微笑为我加油。我鼓起勇气，将在心中回想了千千万万遍的"台词"说了出来："阿……阿姨，这瓶可乐多少钱？"刚一说完，我就感觉如释重负，阿姨探过头来，报了价钱，一手交钱一手交货。买完后我跑回妈妈身边，向她展示我的战利品，妈妈笑着说："哈哈，刚刚自己还不敢买呢，现在买来了，得意吧！我就说嘛，相信自己，你行的！"

谢谢妈妈无声的鼓励。

后 来 啊

我渐渐地长大，也渐渐地变得开朗了。一次，班级里组织"小小推销员"的比赛，老师要大家回家好好准备，第二天到学校进行比赛。

那天晚上，妈妈和我一起准备了两个小时……

第二天，老师在语文课上让我们进行推销，我有些跃跃欲试，可却不敢带头第一个上场，我在等其他同学先开头，谁知没有一个同学敢上台。看见老师有些不耐烦了，我就打算试一试，我深吸一口气，定了定神，就迈上了讲台。

我先对着台下鞠了一躬，然后拿出我要推销的蜡烛，将事先准备好的推销词说出来。为了达到更好的效果，我放慢语速，说话间语气抑扬顿挫，再适当地配上动作，尽管心脏在胸腔中跳得格外快，但我知道我没有时间紧张，我只顾着将自己要说的说到最好。

最后结束了，台下掌声雷动，同学们和老师都用惊羡的眼光看着我，连我自己也不敢相信，这次推销比我在家里练习的任何一次都要完美。

我下了讲台，定了定心神，原来相信自己，还可以展示出一个不一样的自己。

谢谢妈妈为我做出的牺牲。

现 在 呵

如今，我已不再是当初那个连买饮料都害羞的小女孩儿了。

就在上次，老师推荐我去竞选学校的形象大使。到了比赛现场，评委让我们自行选择一个词来阐述自己的感悟，我努力思索着，积极发言，我明白这个时候我不能紧张也没有时间紧张，因为这里的机会有限，没有人会等我，我只有相信自己才行。

但这次比赛我被淘汰了。正当我懊恼不已、长吁短叹时，妈妈语重心长地对我说，失败并不可怕，可怕的是被失败打倒，一个人只要有决心，能持之以恒，就不愁获取不到成功。我的心一下地豁然开朗，决心迎着失败而上，在一次次的锻炼中不断地提高自己，使自己变得落落大方。

谢谢妈妈的良言。

成长的记忆是成长蜕变的印证，也是人生的一部怀旧电影，它放映着成长中的点点滴滴，帮我们回忆最初的经历，帮我们印证现在迈进的每一步。

烦　恼

肖　荷

从前，有一只小鸟，养在金丝笼里，不愁吃不愁喝。可是它一点儿也不快乐，因为它渴望自由！这只小鸟就是我！身为独生子女的我从小被家长视为掌上明珠，可我却不喜欢这种生活！

每天早晨，妈妈轻轻地推开我的房门，温柔地抚摸着我的脸说道："宝贝儿，起床了！"然后轻手轻脚地帮我穿好衣服，穿好鞋子。"抬"着还昏昏欲睡的我去洗手间，为我挤好牙膏，打好热水。待我刷完牙，洗好脸，吃过早饭后，妈妈还要护送我上学……小学六年天天如此！

五年级时的一天早晨，妈妈照例要护送我上学，其实从我家到学校不过五分钟的路程。一路上，妈妈一直在唠叨："宝贝儿，上课要积极发言！""宝贝儿，在学校不要乱跑，小心摔倒了！""宝贝儿，放学后就在教室等我，哪儿也别去，现在坏人多！"……同学们一直看着我，捂着嘴笑。我羞红了脸，飞快地奔进学校，身后还远远地传来妈妈的声音："宝贝儿，跑慢点儿，不会迟到的！"

那天上午的语文课写作文，题目是"生活中我学会了什么？"我趴在课桌上苦思冥想：我学会了什么呢？洗脸、刷牙、吃饭？不行，这些都太幼稚了，可我只会这些呀，其他的父母都帮我办好了！写什么呢？正当我唉声叹气的时候，同桌给我传来一张纸条，上面竟然写着："宝贝儿，别烦了，妈妈帮你写吧！"我气极了！再一看同桌，他憋着笑，做出一副事不关己的样子，装模作样地在奋笔疾书呢！

下午放学，我一直闷闷不乐。在校门口等候多时的妈妈笑眯眯地迎过来，看到我愁眉苦脸，关心地问道："宝贝儿，怎么了？""都是你，都是你，害得我被人嘲笑，谁叫你喊我'宝贝儿'的！"我把气都撒在了妈妈身上，抹着泪水飞快地跑回了家。

星期六，父母都不在家，桌上堆满了好吃的，门照例锁着。看着窗外翱翔的小鸟，我暗暗发誓：上了初中，我一定要住校，我要用行动证明，我不是一个娇生惯养、依靠父母的小公主，我要自立自强！

妈妈，您给我的爱太沉重。我是一只属于蓝天的小鸟，请放手让我自由飞翔吧！

离　别

雷　蕾

偌大的客厅里，只有墙上的时钟"嘀嘀嗒嗒"地响着。时针已经指向六点，再过半个小时，妈妈就要坐车到外地打工去了。

从我记事起，妈妈就一直在外地打工。今年暑假，因为我生了一场病，妈妈特地请假回家照顾我。现在我的病好了，妈妈也要上班去了。

屋子里很静。奶奶坐在桌旁，默默地挑选着她平时晒干的茄子、辣椒，爷爷拿来一个塑料袋，将奶奶选出的干茄子、干辣椒装进塑料袋。妈妈的行李早已收拾好，就放在门边。没有一个人说话，我依偎在妈妈身边。

从今天开始，我又得一个人睡觉了；从今天开始，我又得自己梳头了；从今天开始，不会有人陪我到田间散步了……我紧紧地抱住妈妈，我多想告诉她我舍不得她。可是这个想法只是在我的脑海中闪现了一下，我没有说出口。因为我知道妈妈离开我，是为了让我有更好的生活。

妈妈抱着我，她的手轻柔地抚过我的头发，最后停在我的脸上。她轻轻地摩挲着我的脸，久久不肯停下。那只手好温暖、好轻柔。我知道，妈妈此时内心肯定也很难受，她也很舍不得离开我。

我想告诉她别担心我，我会照顾好自己的。可话到嘴边，却哽住了："妈妈，我……你……"

我的眼泪在眼眶里打转，我说不下去，我怕妈妈看到我的眼泪会更加难过。我望着妈妈，发现她的眼里也噙满了泪水。她的嘴巴动了一下，似乎想要说点什么，可话还没出口，泪水已经冲出眼眶，顺着脸颊流了下来，落到我的手背上，滚烫的。我再也忍不住了，抱住妈妈，号啕大哭。

门外，客车的汽笛声传来。我一下停止了哭泣，妈妈要走了。

爷爷用绳子系好塑料袋，塞进妈妈的行李包里。妈妈拎起行李包，径直走向门外的汽车。我拉着妈妈的手，也走向门外。奶奶默默地跟在我们身后。

车开动了，妈妈将头伸出车窗外，大声地对我喊："在家要听话，要认真学习！"

车很快就没有了踪影,我的泪水簌簌地往下落。妈妈,您什么时候再回来看我呢?

最美丽的蔷薇

沈芳竹

> 亲眼看见过这样一个人:安静却不造作,有着来自大山深处的朴素与远离尘世喧嚣的淡然,就这样,提着裙摆迈着轻盈的步履,缓缓走进所有人的内心。
> ——题记

那年暑假,我跟随大舅去了贵州山区的一个小村庄。那里的风景是如此美丽……

漫山遍野的蔷薇,带着一颗颗晶莹的露珠,反射出迷人的光彩,那样令人惊羡,甚至不忍心多看,生怕会把娇嫩的花瓣看得凋谢。

空气里充盈着城市里没有的味道,是属于大自然的味道:带着丝丝的青草香,混着浓郁的下雨后的潮湿,满是质朴的味道。"迷恋"二字,大概也无法形容。

小村庄,位于两座山之间。让人无法想象的是,这样险峻的地势,村民是如何生活的?

由于道路不好,我们只能步行。走了很久,也许是一个小时,或几个小时?大自然就是这样,足以让人忘记本该寻找的,本该记住

的……

突然，出现了一片黑乎乎的"小山"，是煤堆吧？

这时远处一个粉色的点在慢慢靠近，我很好奇，便快步跑了上去。粉点也在慢慢变大，是一个人？

当我们已经近到咫尺时，由于没看清脚下，我滑倒在了她的身旁，她也因此而吓了一跳，背筐里的煤全部散落在了一旁，碎了。

我十分不好意思地朝她看了一眼，正对上她惊慌无措的眼睛。她的眼睛很美，虽然她脸上黑乎乎的，但却没掩盖那双天真清澈的眸子。

她没有说话，而是解下背上的竹筐，默默地拾起散落在马路上的煤渣，然后轻轻地放进竹筐里。没有任何怨言。

我呆呆地蹲在一旁看着，过了一会儿才缓过神来，赶紧帮着一起捡起煤渣。

捡完煤渣，她从包里取出一个黑乎乎的土豆，在我面前晃了晃，塞进我的怀里。舅舅赶了过来，指指我怀里的土豆，轻声说："这是为了感谢你！这可是她的午饭呢！"

小女孩儿站起身，背着竹筐，弯着腰，一步一步地朝着我们来的方向走去，每每看见被拉煤车撒下的一小块煤渣，她总是迅速地伸手捡起，然后像放一个宝贝似的放进竹筐。所有的动作都是那样小心翼翼。

看着她远去的背影，我又一次愣住了。

第二天的白天，我又见到了她，她还是在那条马路上，捡煤车掉下的煤渣……只不过相比前一天，少了点坚强，多了点柔弱，也许是受了昨天晚上突来的降温的影响……

没有与她说话，不过真正的心灵碰撞，是不需要言语的，眼神的交流，便可知她心中所有的委屈。

土豆，土豆，每每看到土豆，都会想起那个在大山里对着我微笑

的女孩儿，那个黑乎乎的土豆，如琉璃般脆弱的心灵。

虽然只是一面之交，但至我今仍然无法忘怀的是那双纯洁的眼睛，虽然生活艰苦，但是她却是那般乐观。

正如在大山深处的朵朵蔷薇，令人惊羡。

人生若只如初见。

献给最美丽的蔷薇！

童年趣事

曾小克

说起我童年时代的趣事，从胡家场到尹家湾，从东港到玉湖，那真是家喻户晓、众所周知啊！也曾上树掏过鸟窝；也曾下河摸过鱼虾；也曾玩火烧过邻居的柴垛；也曾砍开村民的南瓜在里面"积肥"……用我爷爷的话说，那真是一条"好汉"！既然是"好汉"，那我的童年怎么会少了"英雄的壮举"呢？

记忆最深的"英雄事迹"就是那次钓鸭子。

鸭子怎么能钓呢？呵呵，我天生聪慧的头脑有的是金点子。到爷爷的竹园里去砍了一根小竹子，又到后院树底下挖了一些蚯蚓，再偷来奶奶的别针和纳鞋底的索子，就做成一根简易的钓竿。

奶奶喂的这群小鸭子长得圆滚滚、毛茸茸的，真好玩儿。可是奶奶说不能用手抓它们。好吧，不能用手抓，用蚯蚓钓钓它们也是好的呀。

我坐在后院高高的土台上,学姜太公的样子稳坐"钓鱼台",慢慢地垂下钓竿。小鸭子们太馋了,围着蚯蚓嘎嘎叫着、抢着,慢点慢点,上钩了!最贪吃、最要强的那只鸭子最先上钩了。它短小的脚丫子在空中扑腾着扑腾着,翅膀急速地扇动着扇动着,就是不松口啊!突然"啪嗒"一声,小鸭子掉在地上了,因为蚯蚓从索子上滑落了,小鸭子也"光荣"了。就这样钓了一只又一只,我一不留神,骨碌碌像个腌鸭蛋似的从土台上滚了下来!妈呀,这个聪明的大脑袋怎么恰好就碰到了一块磨刀石?一阵剧痛,我差点儿晕过去,用手一摸,"流血了"!我失声大叫起来。奶奶丢下喂猪的瓢,一阵风似的跑到后院,看到的是负伤的"英雄孙子"和七零八落、尸陈累累的小鸭子。急怒攻心的奶奶大叫一声:"我的祖宗啊!"抱着我一边骂一边往医院跑。此后的几天,我头上缠着厚厚的雪白的纱布,当了几天"伤病员"。每天喝着奶奶精心煨的鸡汤、鱼汤、排骨汤,听着她一遍又一遍地责骂"你这个混世魔王",我的伤很快就养好了。

这件事之后,我得出的教训是,我"祸害"什么都可以,就是不能伤害无辜的生命。

晒 谷 记

王西淼

瓜果飘香稻谷熟,我和哥哥要到谷场去帮爸爸晒稻谷。

我们全副武装,奔向"战场"。只见爸爸一人推着手推车,推来四袋谷，随手一翻，四袋谷就卸在了谷场上。我和哥哥连忙去解袋子。"真是的，系这么紧干什么啊！我的手指头都要折断了！"我一边吹着手一边抱怨道。看哥哥吹着口哨早已解开两袋了，我不服气，便要哥哥来解我这袋。哥哥走过来，两只手轻巧地一解一拉，金色的波浪一涌而出！

哥哥笑道："你不行啊！""那是我让你的。"我撇着嘴说。哥哥说："那我们来倒谷啊。""好。"我冲他大声回答。我慢慢拖起谷袋，龇牙咧嘴地一拉又一跳，这谷子总算出来了，真重呀。哥哥却只是一拉一扯，金黄的谷浪就乖巧地倾泻而出了。

爸爸见状，打趣道："哎，你还不行呀，要长得像你哥哥一样高大，才有力气。"

我调皮地朝爸爸吐吐舌头："谁叫你和妈妈偏心，让他当了哥哥，要是你们先生的我，那我一定长得比哥哥还要壮实。"大家听后笑弯了腰。

"又解又倒，真是累死人了，总算弄完了。"我大口大口地喘着气。再看哥哥，他的脸红红的，大颗的汗珠排着队直往下淌。爸爸似一头不知疲倦的老牛，也顾不上擦汗，还美滋滋地笑着用那早已红紫的手拿耙翻晒谷子，谷场中翻起浪花，地上的谷浪一波一波地荡漾着……

总算过了一个清闲的中午，哥哥美美地睡着午觉，鼾声阵阵。我玩着游戏，吃着甜食，呼吸着满是谷香的空气，不亦快哉。只有爸爸时不时到谷场间这儿翻翻，那儿拨拨，让每一粒谷子都充分享受到阳光的照耀。

悠闲的时光总是过得那么快，到傍晚又要收谷子了。

妈妈扯起袋子，哥哥不停地用掀板往里面装。我呢，就扫一些"脱离部队"的"散兵"。爸爸推来手推车，我们一家有说有笑地把谷子运回家。车子"吱呀吱呀"地唱起了欢快的歌，让我们忘记了一天的劳累，只留下温馨快乐的感觉。

那一次，我做对了

刘小燕

爷爷养了只兔子，那兔子慢慢地对主人熟悉起来，很听爷爷的使唤。爷爷把它从笼子里放出来，它也不跑到别处去。只要爷爷一打口哨，它就竖着耳朵，在爷爷的周围蹦来蹦去。每到这时，爷爷就会乐得摸着胡子，眯着眼睛呵呵地笑。我和弟弟想去摸摸它，却总是遭到爷爷的拒绝。我们只好眼巴巴地望着爷爷逗兔子。

国庆节放假的几天，爷爷忙着摘棉花。趁爷爷不在家的机会，弟弟打开兔笼，把那只活泼可爱的小兔子放了出来。弟弟摸着小兔子，乐得笑开了花，可一不留神儿，小白兔径直向菜园方向跑了。我着了急，便学着爷爷的样子打着口哨，可它却不听使唤，一个劲儿地向前跑，最后消失在草丛中。

我慌了神，弟弟也吓得哭了起来。

"别哭。别怕，我们会找着它的！"我安慰弟弟说。

我们找遍了菜园的角角落落，仍是不见兔子的踪影。

弟弟依旧呜呜地哭个不停，像只受惊的小鸟。我只好把他拽进房间，装着若无其事的样子替他擦干眼泪，说："不哭了，它玩累了会回来的。"弟弟半信半疑："真的？""当然！你放心，没事的。"为了让弟弟安心，我故作镇定地看起电视来。

"咳咳……"外面传来两声咳嗽，爷爷回来了。我们不敢大声出气。

　　"哎呀，兔笼门怎么打开了？兔子呢？"爷爷放下肩上的棉花包袱，大声嚷了起来。

　　跟在后面的妈妈走进房屋，看到我们的神情，立刻就明白了是怎么回事。妈妈一把将弟弟拉到面前，厉声呵斥道："快说，是谁放跑了小白兔？"看她生气的样子，恨不得把弟弟一口吃掉。"是……"没等弟弟说完，我想到我是姐姐，弟弟放走小白兔，也有我的一份责任。所以我抢着弟弟的话说："是我！""我就知道是你，还不给我过来！"她话音未落，就扬起巴掌，作势要打我。

　　"算了，不就是一只兔子吗？赶明儿再买一只不就得了，值得打孩子吗！"爷爷心疼地把我拉到他的怀里。我知道爷爷此时的心情，他心疼他的兔子，也心疼我和弟弟。

　　妈妈的话虽然严厉，但当我看到还在瑟瑟发抖的弟弟，就把想哭的泪水吞进了肚子里，而且还有几分自豪感——因为我保护了弟弟，尽到了姐姐的责任，我做对了！

我愿做春天里的一棵小草

亲爱的小草,你们虽平凡、卑微,但却热爱着春天,努力开花,为春天奉献自己的一切,真是好样的。我愿向你们学习,也做春天里一棵平凡的小草……

假如给我三天自由

祝 睿

人生总是有着太多的遗憾,记得我看过的一本小说中,曾有过这样的问题:人生最大的遗憾是什么?有的人说,是子欲养而亲不在;有的人说,是被最亲的人背叛;有的人说,是人活了大半辈子,依旧平平庸庸,毫无建树……但是,问题的提出者都摇了摇头,说道:人生最大的遗憾是每个人的人生都多多少少有些不可避免的遗憾。是啊,"遗憾"带给人无奈与失望,而"假如"则带给人某种意义上的希望与慰藉。

如果真的有"假如",给我三天自由,脑袋里不用想着123,嘴里不必念叨着abc,那该多好啊。

清晨,当太阳还未跳出地平线,大地还未苏醒时,我早已轻轻地掀开被子,穿好衣服,把一切准备就绪,蹑手蹑脚地拿出早就收拾好的箱子和储钱罐,在大人们还沉浸在甜美的睡梦中时,我就悄然出发。

第一站是哪儿呢?是上海。啊,那真是个迷人的地方,现代化的高大建筑与古典优雅的欧洲建筑并存,我对它的了解并不多,大多源于郭敬明的《小时代》,也正是因为这本书我才爱上了上海,我凝望着眼前这熟悉而又陌生的城市,脑袋里浮现出顾里、南湘、林萧和唐宛如一同逛街购物的景象,也许在现在,林萧和Kitty正从恒隆取回宫洺等人需要的西装，顾源正挑选着就要送给顾里的戒指……一想到我与书中的人物的距离又拉近了些，嘴角便会不自觉地上扬。

下一站是哪儿呢？是三亚，哦，那真是一个明媚而又和煦的地方，我踩着柔软而又细碎的细沙，抱着一个大椰果走向黄昏的浅海，此时阳光已不那么咄咄逼人，你看，它像一个顽皮的孩子，正与树叶逗弄着，在水面上投下细碎的倒影，阳光不时地贴着海的脸庞，幻化出蓝紫色的光芒，似乎正与海说着什么知心的悄悄话。我俯身，将身体融入水的呢喃细语中，任由它轻轻地帮我按摩，享受着这静谧甜美的美好时光。

最后一站是哪儿呢？是戈壁，是那寸草不生、人迹罕至的戈壁。我想，在那儿，天是最蓝的，云是最白的，一眼望下去，辽阔无际。当然，周围一定也会是寂静无声的。这样的地方拿来做什么呢？我想，睡觉是最好不过的了，在家里时，即使睡觉也不踏实，因为脑袋里都塞满了作业与学习。而戈壁是一个会让闹哄哄的脑袋安静下来、一个时间好像就此凝固的地方，我会摆一个大大的"人"字形睡姿，舒舒服服地睡一觉……

如果世上真的有"假如"该多好啊！

最浪漫的事

王宇韬

赵咏华在一首歌中唱道："我能想到最浪漫的事/就是和你一

起慢慢变老/一路上收藏点点滴滴的欢笑/留到以后/坐着摇椅/慢慢聊……"这本是唱给恋人听的,我却要把它唱给我最好的朋友——书。在我看来,读书其实是最浪漫的事。

我喜欢阅读时那份浪漫的意境。学习之余,我爱独自一人手捧一本书,或行走在校园的小径上,或独坐在屋后的小树林里,沉醉其中,流连忘返。有时候,午后的阳光暖暖地照着我和书,躺在斜坡的草地上,以书当枕,遥望湛蓝的天空,听任年轻的心在刚刚读过的故事里漫游,和主人公促膝长谈,那是一种怎样的惬意呀!有时候,淅沥的小雨飘飘洒洒,头顶粉红着的雨伞,脚踩绿绿的草地,一手执伞,一手执书,边走边读,甚至忍不住轻吟出声,那是一种多美的意境呀!

我喜欢那些浪漫的作者。最难以忘怀的是梭罗,这个19世纪美国最具有影响力的作家、哲学家,从哈佛大学毕业,并没有马上开始忙着为自己找一份不错的工作,而是在别人最着急的时期,极其悠闲地走近凡尔登湖,走进了一片诗意的宁静之中,远离喧嚣的城市,独品湖水的静谧。终有一天,他的心灵被宁静的湖水洗涤得一尘不染,《凡尔登湖》便汩汩从他的笔端流淌,那是一种怎样的浪漫呀!

我喜欢那些浪漫的故事。印象最深的是贺知章和李白之间的那段"金龟换美酒"的佳话。诗人李白来到京城长安,碰见了著名诗人贺知章,贺知章便邀李白去饮酒,在酒店刚坐下,才想起身边没有带钱。他想了想,便把腰间的金饰龟袋解下来,作为酒钱。李白阻拦说:"使不得,这是皇家按品级给你的饰品,怎好拿来换酒呢?"贺知章仰面大笑说:"这算得了什么?我记得你的诗句,'人生得意须尽欢,莫使金樽空对月'。"两人都能喝酒,直到微醉时才告别。后来,贺知章向皇帝推荐李白,皇帝也已久闻李白大名,于是就任命李白为翰林待诏。再后来贺知章去世,李白独自对酒,怅然若失,想起当年金龟换酒的往事,便写下"金龟换酒处,却忆泪沾中"的诗句,真情依依，令人动容。

我更喜欢和我一起"浪漫"的父母。我觉得，最浪漫的读书时刻，当数每个星期五的晚上了。这个晚上，是我们家每周固定的读书时间。一周工作下来，爸爸妈妈终于可以轻松一下了，而我也可能暂时抛却作业，独享这一快乐时光。早早洗漱完毕，一家人围坐在餐桌旁，在轻缓的钢琴曲中，打开一本心仪已久的书，悄悄地阅读起来。窗外，月色朦胧；窗内，书香荡漾。三颗心，在文字间自由穿行，或观赏，或采撷，或徘徊……就连小猫花花也被吸引过来，蹲在我的身旁，眯着眼睛，好像一边阅读，一边若有所思似的。

"我能想到最浪漫的事，就是和你一起慢慢变老，一路上收藏点点滴滴的欢笑……"谢谢你，给我带来许多快乐的书本，我愿在你的陪伴下慢慢变老，我愿继续享受这份独特的浪漫，一辈子，永不言弃。

我心中的那颗"星"

孙连升

美国著名作家马克·土温说过，19世纪出了两个杰出的人物：一个是拿破仑，一个是海伦·凯勒。

海伦·凯勒是一个不幸的人：在她一岁半时，她不幸染病，致使眼瞎耳聋。她陷入了漫漫的黑夜之中。母亲的慈爱和智慧，使她在黑暗中找到了一线光明。她像所有的儿童一样要了解周围的事物，要别人了解她,可是这对一个盲聋儿童来说,无疑是万分困难的。她好动、淘气、顽皮,而且脾气倔强。她不向困难低头,用手势和别人交流思想,当别人不懂得她的意思时,她又气又急,反抗命运的烈火在她心中燃烧,无法摆脱的困境使她悲痛欲绝。幸运的是,有一位家庭教师用超乎常人的顽强和毅力,耐心地教育她,使她有足够的勇气冲出她所处的黑暗世界。

她贪婪地认识生活中的一切,一步步艰难地向上攀登,在什么也听不见、什么也看不见的情况下,她靠用手摸老师的嘴唇和喉部发声动作,学会了发音。从开始连个别音节都发不清楚,但到后来,即使是莎士比亚剧本中扣人心弦的诗句也能表达自如。她拼命地学习,用盲文写字、作文。因为她懂得知识给人以爱,给人以光明,给人以智慧。在她的不懈努力下,最终取得了显著的成绩。

海伦·凯勒的成功中,包含着比平常人多几十倍,甚至上百倍的汗水。她所失去的东西太多了,因此她更加珍惜她所得到的一切,她从生活中得到的感受甚至比对生活冷淡的正常人多得多。

她是不幸的,因为上帝把她给遗忘了,忘记给她五彩的世界和清脆的声响。但是不幸与幸运,绝不是命中注定、不可改变的。有时候,不幸可以变为幸运,幸运也可能变成不幸,关键在于对生活的态度。她是幸运的,是因为她对生活执着的爱、强烈的求知欲和惊人的坚毅让她从逆境中站起,迎来美好的未来。

海伦·凯勒的经历告诉我们:不要因为你某方面的不幸而叹息,振奋起来,去热爱生活,去奋斗,生活一定会给你你想要的幸福。

海伦·凯勒,你是我心永远的"明"星?

谁撕了我的书

陆 坚

那是个周末，在省城读书的表哥给我寄来《哈利·波特与死亡圣器》。我迫不及待地打开了书，如饥似渴地阅读了起来。不一会儿，便被这本书中的内容给深深地迷住了，以至于到了废寝忘食的地步。用妈妈的话来说，我就是个家中第一大"哈迷"，完全被"魔"附了身。

前几日，同学李萌来我家讨论一道数学题。当他看见《哈利·波特与死亡圣器》的时候，两眼直放光，一下子被吸引住了。他苦苦哀求我，让我借给他看一看。由于我还没完全看完，所以我很不想答应，但看在好朋友的分上，不得不勉强借给了他。我嘱咐他一定要好好保管好这本书，千万不能弄丢了或弄坏了，并且半开玩笑说，如果保管不善，那可要按十倍的价钱赔偿。李萌拍着胸脯保证道："我一定小心翼翼，不伤它一根毫毛。"

但在李萌走后，我仍然饭吃不好，觉也睡不香，一直惦记着我那本心爱的书。

好不容易熬到了星期五，我迫不及待地来到他家，取回了我的书。当我看到第366页的时候，突然发现后面一下地跳到了381页，整整四张不翼而飞了！这好好的书页怎么可能会飞凭空飞掉呢？望着明显的撕痕，我的大脑一白，脸急得通红，忙打电话告诉了李萌，李萌也很着急，急忙跑到我家，说他还没有看到这儿，并表示绝对不是他干的，可是这话谁信呢？

我把怀疑和愤怒的目光转向了李萌，忍不住说道："没想到你会这样，把我的书撕了，居然还假装不知道，你太虚伪了，我没你这样的朋友。"

"我，我没有，我真的没有撕过你的书！"李萌结结巴巴道。我猛地一挥手："哼，还水仙花不开——装蒜！不是你，还能是谁？"他虽噙着泪水，一脸委屈。但我一点儿都不相信他。

第二天，李萌骑着自行车把小县城寻找了好几遍，也没有买到《哈利·波特与死亡圣器》赔给我，于是给我送来了三张百元人钞，说他过年的压岁钱只剩下这么多的，以后再想办法还我四百元。书的定价是六十六元人民币，他真想按十倍价格赔我。我虽没收他的钱，但心里还是不相信李萌是清白的，他一定是在演戏给我看。

几周后的一天，我去小姨家玩，表弟让我教他学折纸，并说他已经学折了一些。面对表弟捧来了那几个纸折的小动物，我大惊失色，那纸可不就是我家那本《哈利·波特与死亡圣器》中被撕掉的部分。经过"审问"，原来那几天，年幼的表弟在我家玩，他突然想跟着电视节目学折纸，于是拿过我的书就撕。真相终于大白。

我把情况告诉了李萌，并真诚地道了歉。他的眼圈红了，原谅了我。我们的心又贴到了一起。相信经过这次"误伤"之后，我们的友谊会更真、更牢！

家乡的菊花

吴子怡

我所住的村子是本地有名的菊花基地，每到秋天，这里便变成一片菊花的海洋。

秋阳高照，天高气爽，蓝蓝的天空下，各种各样的菊花，在阳光的抚摸下，尽情地开放。沿着花田中的机耕道骑车而行，大片大片的菊花扑面而来，一会儿是高贵的金黄，一会儿又是热情奔放的大红；一会儿是诗意的紫色，一会儿又是萝卜花般的雪白……让你眼花缭乱，如入仙境。

忍不住跳下车来，急急地奔向一块田地。这是一片鸳鸯菊，定眼细看，只见那粗壮的枝干顶端刚开出一朵朵菊花，它们一边红，一边黄，紧紧地长在一起，无比神奇。微风吹来，就像一对对鸳鸯在水中嬉戏。站在这些菊花身边，独行者忍不住会生出一些孤单来。

如果你是在秋雨中来到我的故乡，来到这菊花的海洋，则会另有一番风味。撑一把纸伞，在田埂上行走，就像在一首首唐诗宋词中款款而行。偶尔有雨点打在脸上，凉丝丝的，但心里却充满暖意。你看，这些菊花，静静地站在秋雨中，接受秋雨的洗礼，无论是什么颜色的花朵，无论它们高贵还是卑微，此刻，都精神抖擞。那一张张小脸特别的亮，亮得直逼你的眼。虽然耳边只有秋雨声，但只要你用心听，就一定能听到这些菊花的心跳声，听到它们喝水的声音，听到它们歌唱的声音……置身于满世界的菊花中，置身这诗意的秋雨中，此时此刻，难道你不觉得自己也成了一棵菊花吗？

　　身在菊乡，我最喜爱的，是在皎洁的月色下，独自到菊花的海洋里散步，享受那份浪漫。一轮圆圆的月亮挂在天空，所有的菊花都披上了一层朦胧的色彩，它们悄悄地站在那儿，像一群等待舞蹈的女子。秋虫在快活地歌唱，想用歌声为这群女子伴舞。我知道，这时候，只要有风吹过，一场盛大的演出就会在这空旷的田野上上演，菊花就会把憋了好长时间的心思，尽情地用舞姿诉说……

　　故乡的这些菊花，会在某个时候离开生养它的故土，被预订的公司用一辆辆卡车拉到大城市，然后接受人们的各种赞叹。不知流落异乡的它们，会不会在一片喝彩声中，思念养育它们的土地？我想一定会的。

鱼　汤　面

戴浩宇

　　鱼汤面是我们东台的一绝，享有"吃一碗想三年"的美誉。

　　街边鱼汤面馆很多，随便走进哪一家，招呼一声，不一会儿，跑堂的就会端上一碗令人馋涎欲滴的鱼汤面来。

　　只见印着蓝色花纹的大海碗里，浓白的鱼汤散发着淡淡香气，细柔的面条整齐地排列着，几点嫩绿的葱花点缀其间，让人满嘴生津，再也控制不住自己。

　　轻轻呷一口面汤，油而不腻，鲜味十足，那股香味儿慢慢地、慢慢地从齿缝间散开，仿佛进入全身每一个细胞，久久地挥之不去。挑一小筷面条，轻轻吸进口中，面条细而软滑，鲜美可口。这时，你一准儿会忍耐不住，不一会儿，就会让碗底见天的。

　　东台鱼汤面之所以如此鲜美，与它的制作工艺有着直接关联。首先要选上等的野生鲫鱼，剖肚清洗干净，不留残血。接着用猪油下锅沸至八成，陆续放鱼入锅炸爆，起酥捞起，不能烧焦。然后将炸过的鱼加上鳝鱼骨头或猪骨头，用河水熬出稠汤，葱、酒去腥，再用细筛过滤清汤，放入虾籽少许，即可做面汤。有的面馆甚至会分别熬出一锅汤、二锅汤、三锅汤，然后再合成一锅汤。而面条则是上等的刀切面。如此经过数十道工序制作出来的鱼汤面，怎能不色香味俱全，成为一绝？

　　家乡的鱼汤面不仅好吃，还有一段动人的传说呢。相传乾隆年间，东台有一家开面馆的老板，一天晚上，他在街上发现了一家新来的卖面条的小摊子，便去买了一碗。端在手上一看，只见面汤浓厚雪白。一会儿工夫，碗面上就结了一层薄膜。他尝了一口，又鲜又香，比自己店里的不知要强多少倍。老板心里一动，便向摊主细细盘问。原来，那摊主竟是来自皇宫的御厨。由于有一次没有把汤烧好，就被逐出了皇宫。无奈之下只能挑个小摊，四处流浪，聊以糊口。老板听说后，心想这竟然是一道御膳，怪不得如此美味可口。于是连忙将摊主请到店中，由他掌厨。从此，这店里的面条，全是用的那御膳厨师亲手调制的鱼汤，尝过的顾客赞不绝口。于是一传十，十传百，四乡八镇，远近闻名。"鱼汤面"就此成为东台享有盛名的特产。

　　"吃碗鱼汤面，赛过老寿星。"如果你到东台来，我一定请你吃鱼汤，到时候你可一定要多吃几碗哟！

难忘那次旅行

黄 馨

初夏时节，我们坐上了去海边的车。窗外，满眼的绿扑入了我们眼帘。

车内很喧闹。两三一群的小女生，聚着说悄悄话；四五个小男生，扯着各种谈不完的话题，从篮球到国足，从金正恩到特朗普，真是想到哪儿说到哪儿，有时争得脸红脖子粗，有时则哈哈大笑。我不太善谈，但我很享受这种感觉。在他们身边默默地听着默默地看在眼里，牢牢地记在心上。隐隐约约中，似乎还听见有人在哼着那首歌，那首曾唱得我们热血沸腾的班歌。

长长的旅游车，在男孩儿女孩儿的欢声笑语中，一路穿行，最终稳稳地停在大海的身旁。潮湿的海风扑面而来，波浪推搡着从天边涌来，海鸟在兴奋地飞翔。我们几个人忍不住迎风奔跑起来，松软的沙滩上留下了一串串小脚行，像歪歪扭扭的诗行。浪花轻吻沙滩的声音，海鸟的鸣叫声，我们的欢呼声，组成了一支快乐的小夜曲。有人捡起了小石子，和小伙伴们比谁打的水漂远；有人小心翼翼地挖着贝壳；有人拿着望远镜，望着远方，兴趣盎然……

奔跑累了，我们干脆坐到松软的金沙上，堆着儿时童话里的城堡。老师从远处奔来，大声说："同学们，平常学习辛苦了，大家把心里的烦闷和压力全都尽情释放出来吧！"说着，他用手卷成喇叭状，大声喊道："大海你好！青春万岁！"我们被他的童心逗翻了，一起哈哈大笑起来。不一会儿，大家都跟着吼起来。一句句，或是凌云的壮志，或是单纯的呐喊，都是那么充满青春的活力。夕阳的光，咸咸的风，手挽手排成一队朝着大海呼喊的少年，是我一辈子不能忘记的风景。

返程的车呀，你慢些开吧，车中的少年都在回味着今天的笑呢。车内静悄悄的，因为大家的脑海里有太多的回忆，快乐的、痛苦的、无奈的、迷惘的、坚强的，我们一起走过的今天，多像一幅幅色彩斑斓的油画呀。不知是谁，又哼起了那首班歌，慢慢地，一个两个，大家都禁不住唱了起来。清风把我们的歌声一路抛洒。

太阳落下去了，风也停了，我们又回到了城市。校门口，大家就要分手回家。但是有谁能忘记这段用心走过的旅程呢？谁的心中，不悄悄涌起对故乡景色的赞美。

一捧泥土

张佳宜

一

表哥就要去美国留学了，这一去也许就是两三年，也许就是数十年。大姨说，不少中国孩子出国留学，学成后就留在那边工作，好多年都不回来。

望着大姨哭得红肿的眼睛，我们也跟着抹眼泪。表哥却一脸嘲讽之意。我知道他心里一定在笑我们儿女情长，婆婆妈妈。他心里满怀对未来的憧憬，恨不得立即飞到那所心仪的大学，哪里懂得家里人的担忧呀。

可是再担心，再依依不舍，表哥出国求学已是铁定了的事。随着分别的日子越来越近，我的心越来越难过。我想起了许多表哥带我一起玩耍的往事，钓鱼、放风筝、游泳……更想起表哥利用假期帮我补习功课的镜头，泪水禁不住直往下流。我得给表哥送份礼物，让他记住家乡，记住亲人。

送什么呢？钢笔、书、小钥匙扣……这些都太俗气了。苦思冥想中，我突然想起曾经读过的一篇文章，说一个年轻人出国，他的母亲送了一捧家乡的泥土给他，希望他永远不要忘记故土。我茅塞顿开，立即行动……

二

飞机终于升空，舷窗外的蓝天真美，那洁白的云朵好像就在身边游走似的，真想伸手去和它们握握手。

对了，刚才在机场，表弟送我一个精致的信封，说是送给我的礼物，并要我登机后才能看。这个小精灵，一脸的泪花，仿佛生离死别似的，他到底送的啥呀？

打开信封，一个小红布袋映入眼帘，这里面装着什么呢？对，还有一张信纸，只见上面写道：

亲爱的表哥：你就要出国了，我想送你一份礼物，思来想去，我决定送你家乡的一小捧黑土，希望你要永远记住故土，记住我们，早点儿学成回来。我还请班上的女同学在小布袋上绣了一只"雄鸡",那是中国地图,地图上"画圈"的地方,就是我们的家乡了……

解开小布袋,黑油油的泥土呈现在眼前,一股熟悉的味道钻入鼻孔,直入心肺。我不禁想起了故乡那片广袤的田野,想起了在那片土地上辛苦劳作的人们,我仿佛看到了日出而作、日落而息的父母,看到了在泥土里打滚的童年,看到还坚守在那片土地上的儿时伙伴……

泪水夺眶而出,故乡、亲人,可不就是培育我长大的一片沃土。我下定决心,不管飞得多远、多高,也要心系这片土地,回到她的怀抱。

三十年后的房子

张 平

地球在运转,时光在流逝,随着科技的不断发展,房子将发生巨大变化。

现在的房子无论是结构,还是建造,都需要许多的人力及大量的物资,并且占用了相当大的陆地面积,同时,因为大量树木的乱砍滥伐,使得洪水纷纷泛滥,沙尘暴四处袭击,带给人们无尽的灾难和痛苦,还搞得动物失去了自己居住已久的家园,于是,它们纷纷发起了牢骚。

"这人类真是可恶,砍伐了我们所栖息的家园。"小鸟愤愤不平地说。

"是啊是啊，不仅如此，人类还占用了我们的栖息地，真没人性。"小猴接着说。

……

光阴似箭，三十年后，小动物穿梭林间，个个脸上堆满了笑容。

因为，科学家们也发明了一种新型房子，它不仅不需要人力，而且材料也很简单——只需一张纸、一组太阳能电池和一个按钮。

"一张纸、一组太阳能电池和一个按钮，能有这么大的能力吗？再说了纸那么小，而房子那么大，怎么可能呢？"

"当然有可能，因为科技在不断发展，纸也是有可能具有像拉面一样的韧性的。"

"可是，房子怎么造呢？"

你先把纸折成你自己喜欢的类型的房子，然后在纸上安装一组太阳能电池和一个按钮，接下来按一下按钮，房子便会慢慢变大，直到你所想要的面积，最后再按一下按钮，它便成为你所想要的房子了。你还可以折几张椅子、桌子和床……当你想要喝水时，按两下按钮，它就会把水倒入杯中并且放在桌上。你一定会想："吃什么呢？"到那时，人们都会种"绿色种子"并且收获"绿色食物"，你可以选择你自己喜欢的方式吃。

更关键的是，以前人们建造的房子遇到地震时，总会塌落下来，搞得人死伤无数，但是现在不怕了，因为它有预知的功能，当地震来临之前，就会发出"嘟嘟"的警报声，所以你只需按三下按钮，它便可缩小，直到恢复原状。

啊！三十年后的房子真是太神奇了。但要想真正实现，必须要有高超的科学技术，所以，作为新时代的我们，要更加奋发向上，好好学习，为科学技术的发展贡献自己的一分力量。

我是一只小小鸟

杨 铭

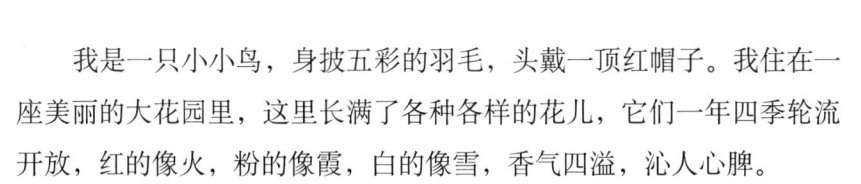

我是一只小小鸟,身披五彩的羽毛,头戴一顶红帽子。我住在一座美丽的大花园里,这里长满了各种各样的花儿,它们一年四季轮流开放,红的像火,粉的像霞,白的像雪,香气四溢,沁人心脾。

每天太阳一升起的时候,我就和我的小伙伴们开始动情地歌唱,花朵听到我们的歌声微微含笑,小树听到我们的歌声悄悄舞蹈,小河听到我们的歌声荡起涟漪……而那位美丽的公主,听到我们的歌声,便推开窗户,听任阳光倾泻而入。她一脸悲泣,对窗远眺,目光越过草地,越过树林,越过花园的围墙,飞向很远的地方……

我知道,公主的心里一定在流泪。她的父皇想把她嫁给一位力大无比的武将,好让那名武将替自己卖命,便把公主囚禁在这里,不允许她再和心爱的郎君相见。公主多少回想一死了之,可是,她实在是舍不得她的心上人。

眼看着婚期越来越近,可门口的守卫却寸步不移,公主只能整日以泪洗面。怎么办?怎么办?我们一起替公主着急。我们的歌声越唱越唱伤感。

我忍不住轻轻飞到公主的窗前,只见窗前的桌子上有不少纸张,上面写满了公主对心上人的思念。我轻轻地叼起一张,暗示着公主。

公主仿佛一下地明白了我的意思。连忙拿笔在一张空纸上疾书……我叼起那张纸，在公主无比期待的目光中飞过树林，飞出花园，飞向远方。公主的那个心上人我见过，长得太英俊了，我曾偷偷地跟踪过他，我能寻找他的家。

我飞到了一座大房子上，我看见那名男孩儿正坐在门槛上呆呆地望着远方。我飞到他的面前，那张白纸飘到了他的手上，我看到了他激动的笑容。

那个漆黑的夜晚，我没有心入睡，半夜时分，刮起了风，下起了雨，我感觉到有两个身影，爬过了围墙，消失在一片黑暗中。

我的眼睛湿润了，不知是雨水，还是泪水。

我和克隆的"我"

徐 悦

我一直想克隆一个自己，这个愿望终于实现了。

邻居W博士是一位学识渊博的老人，他很早就知道我有这个愿望，于是他提取了我的DNA，并对我进行一系列的检查，最后他让我在家等几个月，有了结果就通知我。

这几个月是我觉得最难熬的几个月，我整天在家中坐立不安。终于有一天W博士打了电话让我去领克隆人回家，我高兴地来到研究室，把她带回家。

我们交替上学，一起看书，做作业，成绩一直没掉下去，我们的感情一直很好。

可渐渐地我发现她变了,她总会用一种异样的目光看我,我不明白这是什么原因。

有一次,我出去买东西,在一个巷子里被几个小混混拦住了去路,带头的是一个"刀疤男"。他凶神恶煞地看着我说:"上次你发酒疯,打伤了我的一个弟兄却跑了,没想到冤家路窄,竟然会在这儿遇见你。"

我一头雾水:"我什么时候惹你了?"他恶狠狠地说:"还给我装?我看你能装到什么时候!"他的那帮弟兄把我的眼镜打掉了,脸上青一块,紫一块的,我渐渐明白了这是怎么一回事。

他们一群人散了走后,我艰难地爬起来,夜渐渐黑了,暖黄色的灯光摇曳着,如鬼魅般的树影吞噬着我那光明的心,我渐渐绝望了,一阵恐惧涌上我的心头。

一阵跌跌撞撞,回到了家,克隆的"我"看见了我这副模样,幸灾乐祸地说:"你成了国宝啦!"我压抑着心头的怒火,严肃地说:"我知道是你干的,自己惹祸,还找了个替罪羊。如果你还有点儿良心就不要再这么做了。"

一波未平,一波又起。周六,到同学家去玩,同学打开电脑,向我展示她最新的绘画作品《春·韵》,画得真的很棒,柔美的线条,大师般的水准,使我沉浸在诗一般的意境中,可突然,她的电脑屏幕变黑了。

"完了,电脑被黑了!"她皱着眉。我突然有一种不祥的预感。

匆忙跑回家,发现她坐在电脑前对我笑:"我给你朋友的礼物不错吧!"原来是她做的。

"你为什么这么做?"我哭着说,"你还嫌害我不够吗?"

"因为我恨你,我不想当你的复制品,我觉得自己如同行尸走肉!"

我惊呆了,是啊,我从未考虑过她的感受,她也是一个有血有肉的人啊!

第二天,我把她送回W博士的实验室,并对W博士说:"我不想让她生活在我的阴影之下,也许放手对她来说是种解脱。"W博士把她送回了外星球。

今晚的夜蓝得深邃,我抬头仰望天空,有一颗星星,是你在对我笑吧!

我愿做春天里的一棵小草

苟加宝

有人愿做春天里的一树桃花,在春风里绽放笑靥,吸引无数目光;有人愿做春天里的一股山泉,叮咚流淌,去滋润远方那希望的土地……可是亲爱的小草,我却愿成为你们当中的一员,虽然不惹人注目,却有着自己的幸福。

冰雪还没有消融,河流还没有解冻,土地还没有松软,杨柳还没有苏醒,燕子还没有呢喃,可你们,早已耐不住寂寞,毫无畏惧地钻出了脑尖,在石缝下,在雪被中,在小路旁,在无边无垠的田野上。那点绿实在是太不起眼了,如果不蹲下身子,如果不睁大眼睛,人们很难发现你们那纤细的身子。但你们的勇敢和顽强,怎不令人敬佩?

仿佛一眨眼的工夫,春风就把"春来了"的消息发布出来,于是,万物复苏,整个世界开始骚动起来。你们和着春天的节奏,快乐地舒筋展骨，相互攀比，长成一片。当然，这样的景色只适宜远远观赏，怪不得韩愈说"草色遥看近却无"呢。这时候，站在草地的边上，放眼望去，满眼都是嫩绿，你们地毯般铺向远方，铺向塞北江南，铺向唐诗宋词，铺向每一颗渴盼春天的心……你们万众一心，相互鼓励，相互配合，怎不令人深受启迪？

正是傍晚的时候，小雨淅淅沥沥地下着，我撑着一把纸伞，来到田野里。眼前是一条通向远方的绿色小道，脚下的土是松软的，我都不忍心踏下去。闭上眼，我想起了"乱花渐欲迷人眼，浅草才能没马蹄"的惬意，想起了"离离原上草，一岁一枯荣"的顽强，想起了"独怜幽草涧边生，上有黄鹂深树鸣"的寂寞，想起了"天苍苍，野茫茫，风吹草低见牛羊"的粗犷，想起了"国破山河在，城春草木深"的悲怆，想起了"长亭外，古道边，芳草碧连天"的离愁，想起"谁言寸草心，报得三春晖"的深情……吟诵这些美丽的诗句，想象着那或热闹，或冷清，或粗犷，或悲怆的画面，不知不觉中，我已走进烟雨深处，走进一首朦朦胧胧的诗歌中。想不到，竟然有这么多文人雅士为你们挥毫泼墨，寄托真情，怎不令人动容？

终于等到一个阳光灿烂的日子，城里那绿绿的草地上，一定有人在散步，有人在放风筝；一定有人端上一只小凳椅，坐在那儿吹拉弹唱呢。而那些可爱的孩子们，则一定在草地上打着滚，他们银铃般的笑声，撒满一地。你们呢，显然承受人们踏压，但却一声不吭。你们的宽容和忍耐，怎不令人刮目相看？

而在我们乡下，你们更是拼命地生长，然后争着开出自己的花朵，或淡红，或浅黄，或深蓝，阳光下，它们就像无数闪亮的星星，快乐地眨着眼睛。你们甘守寂寞，不慕繁华，怎不令人赞叹？

亲爱的小草，你们虽平凡、卑微，但却热爱着春天，努力开花，为春天奉献自己的一切，真是好样的。我愿向你们学习，也做春天里一棵平凡的小草，虽默默无闻，但尽情吐绿，为祖国的春天贡献出全

部的热情。

爷爷卖蚕茧

吴德清

"田家少闲月，五月人倍忙。"这个季节，农村里一片繁忙，麦子、油菜、蚕豆排着队等人收割；棉花苗点头招呼着主人快点儿把它们移栽到大田里，好早一些伸胳膊踢脚，舒舒服服地长大；而蚕也凑热闹似的，赶在这个季节"上山"，直累得庄稼人快要直不起腰。

周六上午回家，正赶上爷爷奶奶在家里摘蚕茧。爷爷今年养了三张种纸的蚕，蚕茧一共做满了三百个多方格簇，为了赶上下午卖茧，他们已经摘了一整夜了，眼里布满血丝，不停地打着呵欠。见此情景，我二话没说，丢下书包，就帮他们摘了起来。

吃完中饭，爷爷开着装满蚕茧的电动三轮车，去茧站卖茧去了。奶奶补觉，我写作业。时间过得飞快，晚饭时分，爷爷哼着小调回来。奶奶早已做好了晚饭，一盘炒青螺，一盘韭菜炒蛋，一碟花生米，一碗野生鲫鱼汤，几只咸鸭蛋。爷爷斟了一盅酒，眉开眼笑，小调哼得更响了。

"老头子，看把你高兴的，今天卖了多少茧呀？"奶奶问道。

"不多，一百一十公斤吧。"爷爷答道。

"还不到四十公斤一张种纸呀，远不如去年的产量，你这死老头子，还高兴啥呢？难道你老年痴呆了，不会算账了呀？"奶奶笑着骂道。

爷爷端起酒杯，一仰脖子，小调哼得更高了。凭直觉，爷爷今天一定遇到了意想不到的美事了。

"你这死老头子，今天天上掉下林妹妹了，瞧你这德行，快说，碰到什么好事了？"奶奶边给爷爷斟酒，边问道。

爷爷朝大门外望了望，压低声音说："今天卖茧时，突然来了一阵雨，大家都忙着把蚕茧运到雨棚下，乱糟糟的，不知怎么的，我家的茧堆里就多了一蛇皮袋蚕茧，等了好半天也没人要，我就把它带回来了，明天悄悄去卖……"我们这才发现，爷爷的电动三轮车里鼓鼓的。

闻听此言，奶奶的眉头瞬间紧锁，拧成了一团："老头子，你真是昏了头了，一袋茧，二十多公斤，丢失的人要吃多少苦呀，你咋不再大声问问，你这哪里是拾呀，你分明是在偷……"爷爷一下愣在那儿。

奶奶把那袋茧拎到灯光下，仔细寻找什么。突然，奶奶喊道："孙女，这是什么？"我跑过去一看，只见袋子反面用水彩笔写着一个名字，没错，这一定就是主人的名字了。

这一夜，爷爷奶奶房间的灯都亮着。第二天天一亮，爷爷便开着电瓶车带奶奶去了茧站。通过多方打听，终于找了失主。原来，那户人家今年养了六张种纸的蚕，装了好几十袋子茧，当时下雨，手忙脚乱的，也没察觉少了一袋。面对拾茧不昧的爷爷奶奶，那户人家是千谢万谢。

奶奶紧锁的眉头终于舒展开来，爷爷也如释重负，大家相视而笑。

幽默的老爸

史小龙

"我的家里有个人很酷,二头六臂刀枪不入,他的手掌也有一点儿粗,牵着我学会了走路。谢谢你光顾我的小怪物,你是我写过最美的情书,钮扣住一个家的幸福,爱着你呀风雨无阻。老爸老爸,我们去哪里呀?有我在就天不怕地不怕,宝贝宝贝,我是你的大树,一生陪你看日出……"

每每听到这首《爸爸去哪儿》的主题曲时,我就不由自主地想起我的爸爸来。我的老爸幽默、风趣,特别惹人喜爱。不信,就让我们一起来见识见识我的老爸吧!

我的老爸五音不全,所以唱起歌来自然难听死了。在"公共场合",老爸自然是不会现丑的。可在家里就不一样了,时不时地,老爸就会情不自禁地吼上两嗓子。

"啦啦啦,啦啦啦,我是卖报的小行家……""苍茫的天涯是我的爱,绵绵的青山脚下花正开,什么样的节奏是最呀最摇摆,什么样的歌声才是最开怀……""时间都去哪儿了,还没好好感受年轻就老了,生儿养女一辈子,满脑子都是孩子哭了笑了……"这不,老爸又唱上了。他不仅一脸陶醉状,还自己给自己伴起了舞,一会儿伸手,一会儿踢腿,一会儿甩头,一会儿扭屁股,动作夸作,简直令人受不了。

我和妹妹大喊"停停停",可老爸并没有停止他的卖弄,继续献唱。在进行完"精彩"的表演后,还不忘自我表扬一番:"哇,我的歌声真是越来越动听了,不去当国际巨星真是太浪费了。今后,参加宴会什么的,请你们一定要点我唱歌呀,我一定给你们脸上添光,让大家见识我这纯天然的金嗓子。呵呵。"

真是脸皮比天还厚呀!我们全被逗得哈哈大笑。

还有更幽默的呢!暑假里的一天,天气热得要命,可爸爸却天生怕吹空调,只得半夜起来开窗吹凉风。我半夜起来上厕所,以为家里进了贼,吓得一动不动。揉了揉眼睛,才发现是老爸。老爸也看到了我,居然真的学起了小偷来:"小姑娘,别怕,我可是侠盗,窃富不窃贫,你家可有什么值钱的东西呀!"那装模作样的腔调,真令人捧腹。

最让人钦佩的是,面对困难和挫折时,老爸同样能心怀乐观,充满幽默。记得有一次,爸爸骑车摔了一跤,一瘸一拐地去医院看病,看着老爸额头渗出的豆大的汗珠,我们都心疼不已。爸爸见状,竟然逗我们说:"再配根拐杖,我就成了铁拐李了。"还有一次,爸爸带的那个班级,有学生调皮捣蛋,屡教不改,影响其他老师上课。那些日子,老爸的眉头总是拧得紧紧的。可当看到我们也跟着他着急时,爸爸便又不失时机地幽默起来:"别看我现在是焦头烂额,那可是上天在考验我呢,不是有句名言叫作'天降大任于斯人也,必先苦其先志,劳其筋骨……'"

如此幽默的老爸,我们能不喜欢他吗?

妈妈快回来

朱清泉

快乐的单身汉

真巧！今天爸爸出差，妈妈也要外出学习，三天后才回来。上午，送走了父母。从火车站回来，我发觉天更蓝了，草更绿了，云更白了。"我不会再听到烦人的唠叨，不用再写数不清的作业，也不必再和着饭皱着眉吃些不喜欢的菜。苍天哪，大地哪，是哪位过路的天使大姐给我这样的机遇啊！"我在心中不禁大呼"万岁！"盘算着回去时带几包喜爱有加的方便面中午和晚上吃，挤出来的时间就用来打游戏，打个通宵，过足瘾……晚上十二点，我坚持不住了，关了电脑胡乱倒在床上：斜着睡，手脚摆成一个"大"字。回想起这一天的"单身汉"生活，真快乐。

有点儿想妈妈啦

今天，我一觉睡到中午，早餐和午餐一起吃了。然后我奔向书房，猛捶主机开关，狂敲键盘，电脑摇晃了几下，以万分之一秒的速度被我打开了。可玩了几小时，我连续打了几个哈欠，揉揉惺忪疲劳的眼，环顾左右，多么想吃一些父母不辞辛苦、顶着烈日去买的零食，多么想吃一口温热的饭菜。我疲惫地关上电脑，躺在床上，突然有一种要妈妈回家的想法在心中弥漫开来。我摇摇头，努力地想，这是我梦寐以求的日子，怎么会想要妈妈回家？可那种思想像一棵大树，深深地扎进我心底；像一轮初升的太阳，越来越亮；又像一杯美酒，时间越长味道越香醇。我想以玩来忘却它，于是打电话给同学，约他去打乒乓球，可他们不是上补习班，就是要做作业。他们听说我一个人在家，都很羡慕，我苦笑一下，没说什么。

快回来吧

今天，我感到强烈的思念，多想再听妈妈一声唠叨啊！我搓着手，来回急急地走动，像站在烧红的铁板上似的，原来许多对我有巨大吸引的东西都变得索然无趣。以前妈妈的一幕幕都浮现在我的脑海中。今天妈妈终于要回来了。"这没有妈妈的日子真难熬，等妈妈回来我一定言听计从。"我暗下决心。

寻找感动

孙 惠

一直觉得生活中缺少感动，今天我决定去寻找它。

第一站：家

"丁零零！丁零零！""啪。"我顶着浓重的睡意艰难地从被窝里爬出来。拉开窗帘，明媚的阳光穿过洁净的窗玻璃迅速照亮整个房间。走出房间，只见妈妈正在厨房里煮着美味的早餐，背影是那么的温馨。爸爸则在厅里打理餐桌。不一会儿，在一股浓浓的香气中，妈妈笑眯眯地端出营养可口的牛奶、鸡蛋。我赶紧拉开椅子，屁股一坐，端起碗，狼吞虎咽地大吃起来，生怕早餐被人抢走了。爸爸看到我滑稽的吃相，笑着说："你好像非洲难民啊。"我笑得差点儿呛出来。二人边聊天，边享用食物，一切是那么的和谐、温馨。

第二站：公交车

每天上学，我都要乘公交车。上班高峰期，车厢总是塞得满满的，摩肩接踵，空气都因此变得稀薄。一位老奶奶提着菜篮子上了车，美好的一幕上演了：一位年轻人看到体弱的老奶奶，赶忙站起来，向老奶奶招手，然后用手扶着老奶奶的肩，让到自己的座位上。车内的人不约而同地投去赞许的目光。那一刻，车厢里仿佛有一股暖流在涌动，漫过所有人的心头。

第三站：学校

到了学校，同学们互相打招呼问好。瞧，小A正在位子上愁眉苦脸地找着自己的橡皮，小B看见了，用手拍了拍小A的肩膀，和气地说："我借你吧。"说罢，递过自己的橡皮。小A的眸子一下灵动起来，头一偏，嘴角上扬，感激地说道："谢谢你。"走廊上玩耍的小小C看见手里抱满作业的语文老师，大步流星地上前接过来。老师看着小C，会心地笑了。我看到老师笑了，自己也不觉笑起来。

……

晚上，坐在灯下，梳理一天的经历，觉得感动真是无处不在。爸爸妈妈每天的辛勤操劳，对我无微不至的照料，虽是那么寻常，但哪一个细节中不藏着浓浓的爱，让人心生感动？公交车上那位让座的年轻人，虽只是一个很自然的动作，却传递着一种正能量，让每一个人都受到感染。还有学校里同学之间小小的帮助，师生之间的心有灵犀，我们又怎能不珍藏在心？

生活就是这样，每时每刻都上演着许多让人感动的事情，只要你拥有一双善于发现的眼睛，就能收获许多感动。而一个常被生活感动的人，往往能成为一个感动别人的人。让我们一起从感动出发，去感动别人吧！

美丽的声音

韦 加

星期日，我去县城买书。早上阳光明媚，公交车在如诗如画的田野上穿行，离县城还有一会儿。车在一个站台慢慢地停了下来，一声声咳嗽传入耳中。只见一位老爷爷在一位老奶奶的搀扶下，颤巍巍地上了车。老爷爷皱着眉，一脸痛苦。

司机问道："你们二老是去城里看病的吧。"老奶奶用手指指老爷爷，张开干瘪的嘴唇说："老头子又犯老毛病了，咳得厉害，村医让去城里大医院查查。儿女们都不在身边，我们只能自己去。唉！"

车上早已坐满了人，还有不少人站着。见此情景，我赶紧站起来，把座位让给了老爷爷。可老奶奶仍然站着。司机反复放了几遍"请给老弱病残让座"的广播，可无人起身。不得已，司机只好转过头来，大声喊道："车上有学生坐着吗？请给这位老人让个座。"

只见身旁一个穿红衣服的小女孩儿慢慢站起身子，挪到一边，对老奶奶说："老奶奶，坐我这儿来。"大家一齐把目光投向这名十一二岁的女孩儿，小女孩儿的脸"唰"地一下地红了，比她身上的衣服还要红。

奶奶坐下了，司机踩上油门，公交车出发了，车厢内恢复如初，大家又开始谈笑着。突然，老奶奶猛地站了起来，对刚才那名让座的小女孩儿说："小乖乖，你的脚也有病呀，我好好的人怎能坐你的座位呀。"我们这才发现，这个小女孩儿的左脚上缠着纱布，额头上渗满了汗珠。

老奶奶伸手让小女孩儿坐，可小女孩儿却说没事，她到前面一站就下车了，她刚才在家已经给外婆打过电话了，外婆会在车站接她。她们彼此的谦让声在车厢一下地变得很响，因为其他人这会儿都不说话了。

这时候，一个小伙子站了起来，硬把自己的座位让给了小女孩儿……

小女孩儿终于下车了，看着她在外婆搀扶下艰难行走的样子，回想着刚才小女孩儿和老奶奶相互让座的话语，虽简短、急促，毫无诗情画意，但我却觉得，那声音特别美！

马路天使

吴佳佳

为了创作一幅画参加市里的暑期中小学生美术作品大赛，放假后，我一直在寻找素材，可惜总是没有发现合适的。

今天早上，我和往常一样早早起来跑步。咦，前面怎么有个年轻的女孩儿在扫马路？以前都是一位年纪较大的阿姨负责保洁这条道路的。

我忍不住放慢脚步，由远而近观察起这位特殊的清洁工来。只见她穿着一身肥大的蓝色工作服，戴着大口罩，长长的头发扎成一个马尾巴，正弯着腰，奋力挥舞着手中的大扫帚，打扫着路上的落叶。只见她一会儿用扫帚把周围的树叶、垃圾扫成一圈；一会儿又用扫帚顶着这些垃圾向前推行。等到垃圾堆积到一定数量的时候，她又非常熟练地拿起小扫帚和簸箕，把垃圾分批运到垃圾车中。今年夏天气温高，非常干旱，树上的叶子掉得猛，清扫起来挺麻烦，真苦了这些清洁工了。

经过这位清洁工身边时，我又特别留意了她一眼，清秀的脸庞，大大的眼睛，目光很专注。与众不同的是，从她衣服的口袋里传出一连串好听的英文朗读声，虽然声音很低，但从她身边经过时，却能听得很清楚。

一连串大大的问号再次在我的心中升起：难道她是一名刚刚实习的大学生？还是来体验生活的记者？那英文是随意播放的，还是她一边在劳动，一边在学习英语？

　　我一边跑着步，一边琢磨着这些问题，不时回头看一眼那名"奇怪"的清洁工。

　　跑到体育场外的那片小树林，我该转头往回跑了。正当我用手抹去脸上的汗水之际，突然发现树林边站着一个人，好像很面熟。仔细一看，不正是这条路上原来的保洁员吗？她躲在这里干吗呢？我一头雾水，大为不解。

　　强烈的好奇心驱使我向那位阿姨走去，我要问个究竟。阿姨听完我的疑惑后笑了。那是她的上大一的女儿。刚放假回来，看她每天清扫马路那么辛苦，就硬要帮她干几天，好让妈妈歇口气。她说女儿在学校勤工俭学干过这活儿，但自己还是不放心，所以偷偷地瞧着。

　　"唉，真是苦了这孩子了，谁让她爸长年生病吃药，没个收入。"说着说着，阿姨居然抹起了眼泪，不过随即又笑了，"我这女儿多懂事……"

　　回头再遇到那位女孩子时，正碰上她摘掉口罩擦汗，脸上虽然略显疲惫，皮肤也有点儿黑，但却一脸的执着。我看到，一滴大大的汗珠被朝阳逮个正着，折射出七彩的光芒。那不正像一颗金子般的心吗？

　　灵感忽然闪进脑海，对，这不就是绝好的创作素材吗？我决定就画一幅名叫《马路天使》的画：一位美丽的女大学生，在金子般的朝阳下扫着马路……

好 声 音

王华丽

生活中，处处都有好声音。

屋檐下，一只非常精致的燕窝里，几只小燕子叽叽喳喳地叫个不停，燕妈妈忙忙碌碌，辛苦地喂着自己的孩子。当燕妈妈衔着虫子飞来时，小燕子仿佛在说："给我！给我！"当燕妈妈离去时，孩子们又仿佛在说："妈妈，快点，我饿了！"而燕妈妈的声声呢喃，则像是在安慰孩子："别急，别急，妈妈马上回来。"这是多么普通却又无比动人的声音呀！

草地上，一个刚刚学会走路的孩子，正跌跌绊绊地努力往前挪步。前面不远处，他的妈妈正蹲着身子，轻拍着手掌，迎接儿子的到来。小孩子咯咯咯地笑声，妈妈的鼓励声，小鸟的鸣叫声，组成了一支特别的"混响曲"，倾耳细听，多少爱融于其中呀！

细雨中，虽没有耕牛的"哞哞"声，也没有牧童嘹亮的短笛声，但你静下心细听那窗外的雨声，滴滴答答，声声入耳，如诉如泣，如吟如唱，令人思绪万千。如果有兴致，撑一把花伞，到细雨中走走，头上是细雨轻吻伞面的那种极轻微的声音，脚下是雨鞋踏水发出的声响，远处是隐隐约约的春雷声……漫步在这唐诗宋词的意境中，沉浸在这由大自然负责演奏的"雨之声"乐曲中，你怎能不流连忘返？

村打谷场简易的小舞台上，一场自编自演的"农家乐"晚会正在举行，土得掉泥土的相声，悠长的二胡，轻缓的口琴，充满激情的唢呐，与洋味十足的江南style混合在一起，敲打着人们的耳膜，撩拨着人们的情绪。

而黄昏时的乡村，那些嘈杂声才是最美的。你听，老奶奶唤鸡唤鸭的叫嚷声，兴奋的狗吠声，收工回家村民的交谈声，年轻妈妈让贪玩儿子做作业的训斥声……这些声音听上去让人觉得多么踏实、舒服呀！

美妙生活中，好声音真是无处不有。

生活处处有美丽

孟　桐

生活中，美无处不在。

烈日暴晒下的田地里，整天起早贪黑的农民们，正辛勤地工作着，他们享受着阳光、微风，尽情呼吸着清新的空气，露出憨厚而纯朴的笑容。他们一边在地里干着农活，一边快乐地哼起了当地的民间乐曲来消除疲劳。女人尽情地欢唱，男人扯开嗓子为女人和着曲子，优美的歌声传遍四野，像清澈的溪水轻轻地流入人们的心里。那是一种怎样的美呀！美得让心醉！

一位老奶奶满头银发，拄着拐杖一步一步地挪上公交车，当她看见公交车上的座位都已满了时，银白的发丝在脸颊边飘荡着，显出万般无助,那情景真是令人难受。就在这时,一位系着红领巾、满面春光的小姑娘主动站起来,拉着老奶奶的衣袖说:"奶奶,我这个座位让给您,请坐!"说着就扶老奶奶坐到自己的座位上。"娃儿,你的心眼儿真好,奶奶这腿脚不太好使,委屈你了,奶奶这心里过意不去呀。""奶奶,快别这么说,这是我们应该做的。"老奶奶听到这里,眼泪不住地从深凹的眼眶里流出来,不停地说,"娃儿,你待人这么好,将来肯定有好报。"这美丽的一幕,是多么温馨,是多么令人难忘。

医院的病床上,疾病如魔鬼般地正侵蚀着一位患者的身体,让他深受痛苦和折磨。但此时,医护人员忙碌的身影,亲人们鼓励的目光,又让患者充满了战胜病魔的力量。患者满头大汗,痛苦不堪,但此刻他的内心一定满是爱的阳光,他正在和病魔进行搏斗,因为他知道,有那么多人在等着他,有那么多美好的日子在等着他。病魔的枝头开出的生命之花一定更加艳丽,面对这种坚强,谁能不说它是一种美丽。

寒风肆虐的街头,一个年老的乞丐正哆嗦着身子,无力地伸手向行人伸手乞讨,却一次一次被漠视。一个刚刚学会走路不久的小男孩儿,举着一只大大的面包,走向乞讨的老人,在小男孩儿的身后,一对年轻的父母正微笑着看着自己的孩子。这是多么温暖的一幕呀!有这些美丽的心灵在,世界永远不会寒冷。

……

真的,美真的是这世间无处不在的旋律。只要你留意,随时都会发现。只要你愿意,你也可以成为一种美丽。

节俭的奶奶

张 章

一直以来，奶奶给我的感觉就是唠叨，说话像机关枪扫射一样反反复复，不信你听："章儿，这几天天气冷了，要加衣服。""你咋不听话呀，你这孩子，从小身体就弱，一感冒没有个十天八天不会好。""再不加衣服我给你妈打电话了。""你要多吃点儿饭呀，吃饱了才会有精力学习。""晚上睡觉，把被子盖好。"……每当这时，我就感到她很烦。真同情我那可怜的爷爷了，他可每天都要听奶奶喋喋不休呀！

更可"恨"的是，她还非常小气。爸爸每次买东西孝敬二老，她总是禁止爷爷多吃，还振振有词地说："过日子要精打细算，得省着。"而这个精打细算的结果是，好好的东西放坏了，最终不得不心疼地扔掉。

可就是这样一个爱唠叨又小气的奶奶，却又那么让人"心动"。前几天回乡下老家，由于天冷，我破天荒要求和奶奶一起睡。奶奶脱衣服时，我突然发现，她那条黑内裤上缀满了各色各样的补丁，一块红，一块蓝，花花绿绿，非常"抢眼"，这样的破裤子真不该出现在我们家呀！我们家虽不是那么富有，但不至于让奶奶穿得如此"寒碜"。

"奶奶,你咋不重新买一条内裤呀?"

奶奶摸了摸缀满补丁的内裤说:"章儿,现在生活是好了,我们完全可以想买什么就买什么,把日子过得光亮一些。可是,将来我们家用钱的地方很多,譬如你上大学,到城里买房,那可是一笔大得吓人的开销。所以,我们能省就省。再说,这衣服还没有坏到不能穿的程度,扔掉怪可惜的。更何况,内衣裳穿在里面,外人又看不见……"

我一下感动得泪流满面。

亲爱的奶奶,我爱你,我要把你日日夜夜紧紧地"贴"在心窝上!

爷爷给我送年糕

张 尧

快要放寒假了,学习一天比一天紧张。这时候学校又要举办艺术节,我每天天不亮就要起床背书,晚上还要"加班"排练节目,很晚才能睡,真是累死了。

终于,艺术节结束了。我想,这个星期天无论如何也要去乡下看看爷爷奶奶,因为我好几个星期都没有见到了他们了,我想他们。

妈妈一口答应,帮我打电话通知爷爷奶奶,好让他们备好美味佳肴款待我这个小公主。爷爷接的电话,听说我要回去,高兴得不得了,并且告诉妈妈说,这个周日家中蒸年糕蒸包子,尧尧这次回来一定会"满载而归"。

一听说蒸年糕，我的眼前立即浮现出这样一幅画面：热气腾腾中，又一笼年糕出炉了，只见爷爷快速将蒸笼端到事先备好的竹架子上空，熟练地一转手腕，一笼年糕便整齐地扣到了竹架上的凉席上。而我，则用筷子叉上一个，贪婪地咬着……想到此情此景，我恨不得立刻变成一只鸟儿，飞到乡下去，飞到爷爷奶奶身边。

然而好梦却未能成真。星期六下午，刮起了北风，风越刮越大，等到天黑我做完所有功课时，外面已经鬼哭狼嚎好长时间了。天空彤云密布，阴沉沉的，看样子要下雪了。

果不其然，星期天早上我起床一看，外面的雪已经积得很厚了，雪仍在下，一片片六角的精灵自天宇而下，翩翩飞舞，让人忍不住用手去接。此时，整个世界一片银白，像童话一样美丽。但我却高兴不起来，因为，这样的天气，我肯定不能回十多里外乡下的爷爷奶奶家了。

一整天，我都无精打采：读书，一页也看不下去；练毛笔字，却写得歪歪扭扭；看电视，同样提不起兴趣；上网，连自己种的"菜"也懒得收。我的心早已不在自己身上了。

天渐渐黑了下来，雪小了许多，我推开门，来到院子外，准备到小街上去胡乱地走走。一抬头，发现巷子尽头有一个人，肩上扛着蛇皮袋，正弓着腰，吃力地朝我家走来。那真像我年迈的爷爷呀！我急忙跑过去，一看，果然是。只见爷爷的全身都白了，一脸汗水，喘着粗气。我赶忙接过爷爷肩上的蛇皮袋，沉甸甸的。

原来，雪下得大，爷爷知道我回不了老家了，年糕蒸完了，便拾了一大袋，连同为我准备的菜，装进蛇皮袋，给我送来了。之所以不打电话告诉我们，是怕我们阻止他的"爱心行动"。

泪眼蒙眬中，我仿佛看见一个瘦小的老人，扛着一颗滚烫的心，顶着风雪，深一脚浅一脚地朝着远方走着……

快乐的爷爷

武小海

每天黄昏，乡下爷爷家的院子里，一定呈现出一片快乐的景致。

那两只肥嘟嘟的白鹅，总是踱着方步，引吭高歌；那群老母鸡，一准儿正"咯咯咯"地呼朋引伴，毫无掩饰地交流着白天的趣闻；猪圈里那头大肥猪，肯定已饿坏了，正埋头吃食，发出很大的声响；归巢的鸟儿，一定在飞来飞去，窃窃私语；那只黄狗，当然正摇着尾巴，跟在爷爷身后，快乐地攀跳着，等待着它的晚餐……

而就在这和谐快乐的氛围里，我年迈的爷爷，一定正端着酒杯，美美地呷上一口，他面前的桌子上，摆着的农家小菜——黄得流油的咸鸭蛋，翠绿如玉的鲜蚕豆，青葱爆炒的香河螺……是多么诱人啊！看得出，爷爷那一道道微笑的皱纹里，全是满足和快乐。

其实，爷爷的经历充满不幸，他很小的时候，我的曾祖母就去世了；而在他步入中年后，我的奶奶又去世了。痛失生命中两个最重要的女人，爷爷本该过得很忧伤。可在我的心目中，爷爷却总是笑呵呵的。

他从劳动中获得快乐，日出而作，日落而息，那四亩多庄稼地，被爷爷调理得生机勃勃，夏收小麦秋收谷，还有黑红的油菜籽、饱满的大豆、飘香的芝麻……看着年年丰收的庄稼，爷爷的心里怎能不乐开了花?

　　他从付出中获得快乐。当毒韭菜、人造鸡蛋、胶水面条等问题食品搅得人们不得安宁，感叹快要无东西可吃的时候，我们家却高枕无忧，从大米、面粉到食用油，从禽蛋、蔬菜到桃、梨等水果，都是爷爷亲手莳弄出来的，安全得很呢。而在没买冰箱之前，为了"保鲜"，爷爷还专门请人挖了一口井，以把一些易变质的食物吊到井里，那份爱啊，真的比井还深！每当爷爷到镇上给我们送"粮草"时，从他那清脆的车铃声中，你可以听出他内心有多么快乐。

　　他从关爱中获得快乐。爸爸说，我们不能当"啃老族"啊，于是在农忙之际，爸爸、妈妈常常在下班后，回去帮爷爷支农，赶上星期天，我也闹着回老家，虽然我把田里的庄稼糟蹋了不少，可爷爷那个乐呀，无法形容。爸爸还帮爷爷投了养老保险和医疗保险，给爷爷买了彩电，配了手机，甚至还从学校里买了一台二手电脑带回去，教爷爷利用电脑打牌……被孝心包围着的爷爷，心里一定比蜜还甜。

　　爷爷呀，我享受着生活之乐的爷爷呀，你可知道，我们也正享受着你的快乐呢！

时间都去哪儿了

赵思敏

　　"时间都去哪儿了，还没好好感受年轻就老了，生儿养女一辈子，满脑子都是孩子哭了笑了。时间都去哪儿了，还没好好看看你眼睛就花了，柴米油盐半辈子，转眼就只剩下满脸的皱纹了……"

爷爷的音乐盒里正在播放着王铮亮的歌《时间都去哪儿了》，深情的歌唱潮水般漫过来。爷爷的眼睛里泪花点点，沉浸在对往事的回忆中。

望着不停啜泣的爷爷，我轻轻地走过去，用手纸巾擦去爷爷满脸的泪水，自己却禁不住泪流满面，一幕幕往事涌上心头。

那是一个阳光明媚的春天，爷爷说带我去一个大花园，把已上了两年社区幼儿班的我"骗"进了市里的清华幼儿园。从此，无论是刮风下雨，爷爷都用他那辆装有遮雨棚的三轮车接送我上下学，一直到小学五年级结束。升入六年级后，我开始自己骑自行车上学，爷爷却仍不放心，总是偷偷地跟在我身后，直到目送我进了校园为止。后来我发现了此事，感到很难堪，害怕同学笑话，就对爷爷大吵大闹，爷爷不得不结束了暗中护送我上学的"工作"。

那是一个细雨淅沥的星期日，爷爷见我写完了作业，并摆好棋盘，倒好热茶，"邀请"我杀两盘象棋。可我却假装没听见，迅速打开电脑，戴上耳机，听起了音乐，玩起了游戏。我知道，爷爷那一刻一定很失望，可是，我都憋了一个星期没碰电脑了，好不容易有了这么一点儿空闲，如果去下两盘棋，我就玩不成了。

那是暑假里的一个黄昏，一场暴雨过后，天空瓦蓝瓦蓝的，楼前的草坪鲜亮得逼人的眼，空气里散发着一种说不出的清鲜味，一切都是那么温馨。爷爷手拿二胡，用京剧腔大声喊我做一回评委，帮他挑一挑刺。因为第二天，爷爷就要去参加社区里的老年人才艺大赛，他想自拉自唱一段《空城计》。可刚刚有同学打电话约我去体育场打乒乓球，于是我便让爷爷对着镜子"彩排"，自己急忙下楼而去……

然而现在，爷爷因中风已不能行走、不能说话好多天了，他也许从此再也不能送我上学，我也许再也不能陪他下棋，听他唱戏了。就这么一眨眼工夫，爷爷就垂垂老矣，那么多美好的日子一去不复返，

时间都去哪儿了？都去哪儿了？

　　望着轮椅上的爷爷，我终于明白著名作家毕淑敏说的那句话"尽孝要趁早！"是呀，生命是有限的，和长辈们待在一起的时间会越来越少，爷爷，我要天天陪着你！

鸟儿唱出动听的歌谣

大大的一片田地上,最后只剩下方桌大的一丛油菜站立在那儿,显得很落寞。但在这方已熟透的油菜中,却不时传来一家六口幸福的歌声。听着这鸟语,我的心暖融融的。

我们的校园真美丽

杨慧玉

我们的校园真美丽，不信，请随我一起来参观一下吧！

从正门进来，沿着宽阔的水泥大道往东走，只见路两边站立着一排排青松，这些松树一年四季常青，高大挺拔，就像一列列卫兵一样，守护着这美丽的校园，守护着我们这些可爱的天使。如果你学习时眼睛感到疲劳了，透过窗子看看这些松树，不仅会感到特别舒服，更会产生一种像松树一样积极向上的感觉，学习会更有劲头。

从水泥大道的尽头拐弯向北，这里有我们学校最美的"景观带"。路的两边遍布着各种形状的花坛，有的像月亮，有的像太阳，有的是菱形的，有的是花瓣形的，造型无一不匠心独具。花坛中栽着各种各样的树木，一个花坛一个主题。我们最喜爱的是"痒痒树"了，听同学说，这种树特别有趣，你只要用手轻轻地挠，它就会轻轻抖动。我试过多次，树真好像在动，不知是错觉，还是有风的缘故。学校的老师说，这其实就是紫薇，又叫惊儿树、百日红、满堂红等。

再往北走，就是学校的大操场上，这里绿草如茵，让人不由自主产生一种想躺上去的感觉。体育课上，我们就在这地毯上运动，有的踢球，有的跳绳，有的跑步，有的干脆打滚儿、翻筋斗，真是有趣极了。在这片草地上，不知留下了我们多少欢乐的笑声。

站在操场上，回头南望，这时你一定会发现，我们学校的教学楼、图书楼、综合楼真有气势。好了，就让我们把镜头拉近看一看吧。我们的教学楼是一幢六层高的大楼，外面刷着淡蓝色的油漆，象征着我们在知识的海洋里遨游，特别富有诗意。而教学楼旁边站着的一个玉米形建筑，那便是我们的图书馆了，那里面藏书可多啦。综合楼紧挨着图书楼，一、二层是老师的办室，三、四层是实验楼，我们在这里进行各种实验，获得许多课本上学不到的知识。

对了，还有宿舍楼没有介绍。沿着操场向北，掩映在一片桃花林后边的，便是我们的生活区了，我们爱把这里称为"世外桃源"，里面的精彩，一般不告诉外人的。不过如果你真想来看，那我们就破例一回吧。

你说，我们的校园美不美？

记一次篮球训练

开　朗

下午第三节课后，我们一帮篮球迷又来到了操场，继续进行运球和抢夺训练。

我们把队伍分成两组，首先由我们这一组进行防守，另一组进行突破。我当仁不让地第一个出场。

"嘟……"伴随着一声哨声，比赛开始了。对方第一位队员先发制人，以迅雷不及掩耳之势，带球杀将过来。我圆睁双眼，脚下迅速

移动，紧盯不放，不让对方有任何可乘之机。突然，对方以一个极其老练的转身骗过了我，摆脱了我的纠缠，直向我们的后方阵地杀去。让人怎么也想不到的是，他竟然得意忘形，一个趔趄，球脱手而去，真是天助我也。

虽然对方第一名大将意外落马，但我不敢有丝毫懈怠，双手支腿，弓着身子，瞪着眼睛。对方的一个高个子终于忍耐不住，带球猛冲过来，看他那猛虎下山的样子，我不免心生胆怯了。但很快，我就镇定下来，决定赌一把，先做了一个扑上去的假动作，然后迅速向左冲去。对方果然上当，也带球向左转移。见我迎面杀来，大惊失色，我伸手一勾，球稳稳当当被夺了过来。对方气得脸色铁青，往球场一躺，嘴里不知道号叫着什么。

最危险的一个环节到了，对方出两人，仍由我一人防守。面对即将上演的以一挡二的决战，我下定决心豁出去了！想到这儿，我不由得紧握双拳，咬紧牙关，双腿绷直，准备随时奋力一搏。只见对方两名队员一左一右，运球，传球，配合得天衣无缝。怎么办？怎么办？我多想在他们二人传球时，像乔丹那样，来一个漂亮的跳跃，然后伸手一捞，把球断住。可我不是乔丹，我根本跳不高，只能东奔西走，疲于奔命。唉，要是平时多练练弹跳，也不至这么被人当猴耍。结果很不幸，对手赢了。

虽然这一轮以失败告终，但我不仅获得了锻炼，学到了不少东西，更从中深受启发：如果平时不做好充分的准备，到时只能干瞪眼！

瞧，我这一天的平凡生活

张　岚

早晨——家中

"喂，起床了，张岚，再不起来，你就迟到了。"在母亲大得出奇的嗓门中，我开始了新的生活篇章。

穿鞋，接着刷牙。"刷牙啦，刷牙啦，不知该用啥。"我的宝贝牙齿可娇着呢，动不动就发脾气，与我做不屈不挠的斗争。我一直为用什么牌子的牙膏头疼。两下、三下，牙刷好了。再洗脸，毛巾泡到水里，拎上来挤干，在脸上擦一遍，解决问题。

梳头可是个麻烦事儿。我的头发总是那样桀骜不驯，你要它向下吧，它偏要翘着，梳来梳去，就是不听话，一根根钢针似的直竖着，那模样像极了《欢天喜地七仙女》里的"扫把星"。时间不等人，我已经没有工夫再去驯服它了，只有再当一回"天线宝宝"了。唉，我的十万烦恼丝啊。

终于，我收拾停当，直奔学校。

早读课——教室

"星期一是最灰暗的日子。"这是我看了《男生贾里》后最欣赏的一句话。星期一我值日,进了教室,我极不情愿地拿起扫帚走上阳台(按照小组内的分工,我打扫阳台),哇,一个惊人的发现:阳台上前所未有的干净。我暗自高兴:看来同学们也懂得值日生的辛苦了,今天我不要打扫了,可以多一点儿时间读书了。正在我心花怒放之际,何兰走过来:"张岚,阳台我帮你打扫过了,你帮我扫一下教室第四组吧。"

我脑筋还没转过弯来就被何大小姐拖到了第四组,哇,又是一个惊人的发现:第四组每个人的座位都堪比一个小小的垃圾堆。我说何兰咋这么好心呢,原来她是黄鼠狼给鸡拜年啊。没办法,只有硬着头皮扫了。

当早读课的下课铃声响起时,我终于把最后一簸箕垃圾倒掉。我的一节早读课就这么没了。

午间——教室

"满城菊花,谁的天下……"我们班的歌手就是多,天天有人在午间扯着嗓子唱歌。李梅最喜欢哼《沁园春》:"江山如此多娇,引无数英雄竞折腰……"何兰呢,连歌名都不知道,却喜欢反复唱:"他说风雨中,这点痛算什么,擦干泪,不要怕……"当然了,她就会唱这几句。马琦是个正宗的杂家歌手,她很多歌都会一两句,但没有一首能唱完整的,每次唱到最好听的地方就戛然而止,让我们觉得扫兴无比,她却乐此不疲。至于我嘛,可能要算比较专业的了,我最爱唱:"我在这儿等着你回来,等着你回来,看那桃花开……"不会唱的地方嘛,就"等着你回来"时再听吧。

放学——回家路上

"跟何兰走在一起是我最自卑的时刻。"这是我总结了半天,最后得出的结论。

何兰今天穿着白色T恤,浅蓝色牛仔裤,看上去又漂亮又"帅"气。我也穿着T恤和牛仔裤,但我看上去像只大大的笨笨熊。

何兰一手拿面包,一手拿矿泉水瓶子,一路走来,端庄大方。我一手拿着面包在啃,另一只手一个劲儿地扑腾着。何兰一个优雅无比的转身,正对着我说:"你在学游泳,还是在开飞机,干吗扑腾个不停?"我满不在乎地抬手抹抹嘴巴,继续迈着我的"张氏螃蟹步"朝前走。

对面走过来的人们向何兰投来赞赏有加的目光,仿佛在欣赏一个文雅的淑女雕像,在他们的眼里,何兰的一举一动都是颇有范儿的吧。当然,他们的眼里还有同情和责备,那是给我的,像在说:"这是谁家的姑娘,走路都没个走相。"我才不管他们呢,吃完面包,我开始一边咬着手指头一边跟何兰说着话。

足球风波

徐 军

> 中国有句老话，叫作好事多磨。难怪我的足球之路会遭遇一场风波。
>
> ——题记

现在足球非常热，我们学校作为体育传统校，也准备跟"风"，组建首支小学生足球队，这一消息让我们这群足球迷激动得难以入睡。

报名开始了，我二话没说，就找体育老师报了名，凭着我顶呱呱的身体素质，自然顺利入选。面对公示栏中我的大名，我高兴得一蹦三尺高。

糟糕的是，不知哪位好事者把这一消息告诉了我的妈妈。这不，周五一回到家，看到妈妈脸上阴云密布，我就知道不对劲儿，一场风波要上演了。果然，妈妈斩钉截铁地表示，不让我参加足球队，理由嘛，浪费时间，影响学习；而且还说我已经上六年级了，踢不出什么名堂。我也态度坚决，不肯让步，并保证不影响学习成绩。这真是针尖对麦芒，一场"恶战"看来不可避免。

果然，妈妈使出了绝招，一把鼻涕一把眼泪，哭得人心烦。她还发动爸爸、爷爷、奶奶、外公、外婆对我进行车轮大战，看来我只有乖乖投降了。

一转眼，第一次阶段性检测结束了，我在年级的排名由原来十五名一下地跃到了第三名，离"状元"只剩一步之遥。妈妈高兴得合不拢嘴，得意地说："你看看，如果不听我的话，踢什么足球，还会有这么大的进步吗？"

看着妈妈如此兴高采烈，我下定决心，告诉了妈妈这几周来我一直坚持每天参加足球训练的秘密。看着妈妈目瞪口呆的样子，我告诉妈妈，每天下午三节课后训练四十分钟的时间，我正好活动筋骨，不仅不影响正常学习，反而精力更充沛了。

本以为妈妈会原谅我的，谁知妈妈并不为之所动，仍然表示，不同意我继续踢足球。并表示周一就去找班主任谈谈。

妈妈真的会秤砣落井——硬到底吗？还好，星期一妈妈并没有来找老师。我可以继续参加每天的训练。我知道，妈妈一定是在观察考验我吧。凭我的聪明劲儿，我一定能既踢好足球，圆我美好的足球梦，又能搞好成绩的。不信，走着瞧！

这场足球风波应该可以结束了。我爱足球，我会坚持下去的。我也想告诉大家，无论你做什么事，都不要轻易放弃。

我帮奶奶敲黄豆

孙雯雯

终于放学了,明天是周六,学校的天气预报牌上说要下雨,我正好可以窝在家里看书,多惬意。

这是秋高气爽的季节,收割后的田野里,金黄的稻草铺向远方,就像一张宽阔无边的地毯,让人不由自主地产生想打几个滚儿的冲动。已是黄昏时分,天空呈现出一种无比纯净的蓝,远处几片云朵,镶着金黄的边儿,正在犹犹豫豫,好像不忍心和太阳告别似的。

沿着田间机耕道,我禁不住哼着小调,张开双臂,向家的方向飞去。爷爷和爸爸又去城里的工地上打工了,不过,有奶奶和妈妈在家,奶奶一定正在边做晚饭边等我呢!

一拐弯,家就在不远处的竹林中了。前面这一片田,是我们家的责任田。咦,怎么还有一个人正在暮色下忙碌着。哦,那不是奶奶吗?夕阳的余晖洒在空旷的田野和她的身上,橘红色的余光让她原本瘦小的身影更显苍凉。这画面仿佛是一幅油画,尽管天空占了一大半,可主角却是那小小的身影。

只见奶奶先是蹲下身来,抱起一捧捧枯黄的豆荚摊到地上,然后右腿跨前一步,重心前移,双手举起一根棍子,稍稍扬起,用力向黄豆上敲去,在这一扬一敲当中,奶奶的腰一会儿直一会儿弯,头似小

鸡在不停地啄米，银白的头发随风抖动，满脸都是汗珠。

"奶奶！奶奶！"我三步并作两步，跑到奶奶面前。奶奶停下手中的活儿，侧过身来，似乎很惊讶。"奶奶，天都要黑了，你怎么还在田里呀？"奶奶指着身后的黄豆说："你看，今天必须要把些敲完。天气预报说明天要下雨了，而且一下就是好几天，如果不把黄豆打下来，几天雨一淋，这些黄豆就会发芽的，到时候可就没办法了。"我仔细一看，哎呀！还有好多黄豆呀！它们都被奶奶割下来堆成一小堆一小堆的了，在暮色中一动不动，像沉睡的小宝宝。如果奶奶一个人敲，恐怕要敲到半夜呢！

看着奶奶忙碌的身影，我感到一丝心疼，快步跑回家，打电话给在村头玩具厂缝玩具的妈妈，让她也回来帮忙。

"你们来干什么？"奶奶看到我刚走了又回来，还把妈妈带来了，似乎有些生气。"现在挺热的，你们快回家吧！"我和妈妈理都不理，将奶奶挤开，敲起毛豆来，敲得不亦乐乎。"唉，你们哟。"奶奶没办法，只好拿起竹竿和我们一起敲。

我拿着竹竿，也学着奶奶的样子，右腿伸出半步，身子前倾，双手紧握竹竿，对着黄豆，使出了吃奶的力气，奋力地连续敲打。妈妈则半蹲着身子，一手举着竹竿猛敲，一手不时地翻动着豆萁，速度明显要快得多。一时间，"呼嚓……呼嚓"的摩擦声、击打声此起彼伏。不一会儿，我就有些累了，汗水浸湿了衣服，额前的碎发也黏在了前额上。奶奶看了很是心疼："你个小孩子来干什么？累坏了怎么办？"奶奶把衣服铺在垄上："来，坐下来歇一下。"我大声回绝："不！"擦擦汗，我又拼命敲了起来。金黄的豆子在阔大的塑料布上跳跃着、堆积着，渐渐成了一座小山。

暮色四合，一半是天，一半是地，墨绿的田埂上，移动着三个人影，两个大的，一个小的。这是一幅油画，这幅油画的标题叫"劳动的祖孙三代"，副标题叫"爱"。

经过近三个小时的奋斗，黄豆终于打完。我累得就快散架了，回到家里，晚饭也没吃，倒头就睡，梦中还在重复着敲黄豆的动作呢！

母爱的滋味

朱小真

深秋的早晨，弥漫着冬的气息，淅淅沥沥的小雨把秋叶打得满地都是，给人阵阵凄凉的感觉。独自走在上学的路上，尽管撑着伞，凉飕飕的雨在风的舞动下，还是不时打在我的脸上，让人直打战。我不由得加快了脚步，往学校赶去。

昨天晚上，刚下班回家的妈妈接到电话，说是奶奶病了，妈妈爸爸于是连晚赶回了老家。奶奶的病到底怎么样呢？妈妈什么时候回来呢？由于妈妈离了家，我今天早饭都没有吃，肚子正饿得咕咕叫呢。要是妈妈在家多好呀。

想起妈妈，那件往事又浮在脑海。

那是数年的事了，那一天是我的生日。可当我晚上兴高采烈地回到家时，却发现妈妈没有给我准备蛋糕，我失望极了，满腹委屈地质问妈妈："你不是答应给我买蛋糕的吗？为什么说话不算数？""对不起，今天单位事多，我回来时给忘了。明天给你补上。"虽然妈妈的话里满是歉意，但我却泪流满面，把自己反锁进房间，任凭妈妈怎么劝说，都不出来。

一会儿，客厅里没了动静，咦，妈妈去了哪儿呢？正在这个时候，爸爸回来了。知道了事情原委，爸爸意味深长地对我说："真真，你可知道，你的生日就是妈妈的受难日，为了生你，她的肚子上到现在还有一道长长的刀疤呢，你怎么能在今天惹妈妈生气呢？"听完爸爸的话，我猛然醒悟，知道自己太过分了。这时，妈妈推门进来了，手里拎着一盒我最爱吃的蛋糕，额头上满是汗珠。那一刻，我泪流满面。

一阵雨打在脸上，我猛地一哆嗦，从回忆中醒过神来。我多么希望，这时候妈妈也能像上次那样突然现身……

突然，后面有人喊我。转身一看，啊？真是妈妈。没想到她真的回来了。我赶紧迎上去，把妈妈遮在伞下。"妈，你怎么这么快就回来了？奶奶怎样？""没大事，老毛病，你还没吃早饭吧。"说着，妈妈从裹得严严实实的怀里掏出一袋牛奶和两个鸡蛋放到我手上，说刚刚热过，让我趁热吃。看着头发早被淋湿了的妈妈，我的眼睛模糊了。

妈妈却轻松地说："好了，我去医院了，路滑，你走路小心点儿。中午在学校要吃饱。"

望着妈妈远去的背景，我的眼泪禁不住涌了出来。这母爱的滋味，真是太温暖了。

母爱真伟大，母爱的滋味真美好。但愿我们每个人都能在享受母爱的同时，铭记母爱，感恩母亲。

小不点儿

吕小伟

常常在不经意间,她的歌声笑语便漫上心头,想念之情于是就像潮水一样,慢慢涨起……

她十三岁,是我们班上的"小不点儿"。小小的嘴儿笔直的鼻,细细的眉毛发亮的眼,红红的脸儿醉人的喉。在我的记忆中,她是一个可爱快乐的"小天使",十分讨人喜爱。

她很爱唱歌,我们都称她"天王女歌星"。永远也忘不了她教我们唱《让我们荡起双桨》时的情景:她蹦蹦跳跳地走到了讲台上,脸上带着小孩子纯真的稚气,昂着头、挺着胸,背着手、带着笑,一副小老师的神气。"让我们荡起双桨,小船儿推开波浪,预备——唱——"她开始领唱了,那婉转悠扬的歌声顿时在沉静的教室里回旋。那是多么美丽的声音呀!同学们好似躺在阳光之下享受温暖的小草,心全醉了……这一幕,我们怎能忘怀?

夕阳的余晖潜入幽静的课堂,自习课上,同学们默默无语,埋头苦读,魂儿被牵进了书乡,只有一向淘气的她偷偷钻进了《童话大王》的天地里。瞧她那专注的样子,俨然也成了童话王国里的一员。

突然,一阵急促的脚步声惊醒了教室的沉醉,原来是班主任"视察"来了。她赶紧从书桌里抽出语文书压在童话书上,随即掀开一页，大声读道"学而时习之，不亦乐乎……"老师走过去笑着说："读第八课怎么翻到二十七课呢？"毕竟"做贼心虚"，她一下子满脸通红："我……我在背诵。""是吗？"老师拿起语文书，顺手把《童话大王》拿了过去。这下她可急了，二话不说，一把就从老师手中把书抢了去，飞快地塞进书桌，并用渴求的眼神注视着老师说："李老师，我……我下次不敢了，原谅我，书是张悦的，不要没收，不然她以后就不肯借我了……"

她那童稚趣语般的连环炮逗得同学们哄堂大笑，老师也笑了。果然没收。这份枯燥学习生活中难得的"小插曲"，怎不让我们记忆犹新？

平时，大家总爱跟她开玩笑，甚至挤对她一下寻开心，她常常"勇敢"地和"来犯之敌"作战，赢了，就会哈哈大笑；要是斗不过就会假装抹眼泪，成了众人的"开心果"。这些可爱的细节，又怎能不刻在我们的脑海里？

她真是太讨人喜欢了，可惜她未上完六年级就转学了。就像许多的事物，拥有时并不觉得什么，一旦失去才倍感珍贵一样，她的离开，让同学们失望了好长时间，她深深地留在我们每一个人的记忆中。想念她时，我总会不约而同地唱起《让我们荡起双桨》。春光依旧，可爱的"小天使"，你在"他乡"还好吗？我们想念你，想念你！

乘车见闻

李佳龙

最近我们这儿通了公交车，这可给许多人带来了方便，但车上也出现了一些不和谐的现象。还是说说我看到的几件怪事吧。

变味的爱

正值假期，加上公交车搞四天免费活动，客流量处于高峰。我为了上城里买书，只能起早上公交。车开动了，在第二站有一位老人搀着孩子上来了。这时候，我和气地对老人说："您坐！"并示意让他坐下。谁知道老人习惯地松开手，一个小孩儿飞一般地"霸占"了座位！我对老人说："您也坐啊。""不用不用，龙龙坐就好！"老人和蔼地说。再仔细看看老人，肩上还背着书包呢！原来是去学跆拳道啊（我认识他的包，我以前用过）！看看车厢，有好几位这样的爷爷呢，他们背着沉重的包，站在孙子、孙女旁！

我无语了。

刺耳的笑

旁边有一个和我同年级不同班的女生，我看了看她，心想：在家里绝对是"小公主"，一定是弱不禁风的，家里也一定很有钱。你看看：阿迪达斯的上衣和运动裤，外加一双特步的鞋，还拿着一部苹果手机。中途，公交车一个急刹车，她为了保持平衡向前迈了一步，真准，正踩在我的脚上。她这一脚很用力，踩得我好疼！她呢，连"对不起"都没说。这也罢了，她居然还笑了！我真怀疑我是不是听错了。看了看她，真在笑啊！真不可思议！我心想：是脑子短路，还是哪根筋搭错了？

"撒谎"的老人

我坐车准备到舅舅家去，没办法，又是公交车呗！我在始发站上了车，过了一会儿，车上的人渐渐多了起来，这时一个尖厉的声音传来："谁这么没道德，把口香糖吐我鞋上！"这时，一年轻的女士把目光投向身旁的一位中年妇女，问道："是不是你吐的？"

"不是不是，我压根没有口香糖。是他，我看见他吃的！"中年妇女指向一位老人。车上的人把目光投向了那位老人，老人顿时红了脸，犹豫了一下，说："是我吐的！"

那位年轻的女士对老人说："一个老人家，年纪这么大了，乱吐口香糖还不承认，真没道德！"

"对不起。"老人低下头，说完弯下腰把年轻女士鞋上的口香糖弄掉，扔在车内的垃圾桶里。

过了几分钟，车内恢复了平静，后来那位女士下了车，到了倒数第二站，一位乘客下车时把那位中年妇女的包碰掉了，里面掉出几颗

口香糖，这时，车内乱成一片，全都是在责备中年妇女，这时一个乘客问老人："不是您弄的为什么还要承认？"

"其实谁承认都一样，最后都要把垃圾扔掉。"老人说。

老人的话虽然很简朴，却让车厢里的人对这位老人刮目相看。

新年来了

周鹏飞

街道上红红的灯笼映着新一年的喜庆。人们捧着大大小小的年货赶往回家，我知道新年要来了。

推开姥姥家的门，大红的条幅挂在屋中面前，妹妹围着桌子叫嚷着："新年来了！新年来了！"而姥姥拍拍妹妹的头说："新年还没来呢！要爸爸妈妈回来后一起吃了团圆饭，新年才来了呢。"妹妹望望石英钟，笑了："爸爸妈妈马上就回来了。"

"快帮我包饺子。新年就要来了。"姥姥拿着擀面杖从屋中冲出来，姥爷在一旁洗着菜，我和妹妹把面团捏成了不同的形状。一家四口说着，笑着，新年就要来了。

饺子下锅了，气泡不断翻滚到水面，饺子翻上来又沉下去，"爸爸妈妈怎么还不回来？"妹妹嘟囔着。一会儿就来了。我们把饺子摆上桌。妹妹主动搬椅子，两只小手握着椅子腿，笨拙地走走停停。打开电视，主持人正诉说着新年往事的祝福，提醒人们不要说不吉利的话。

围坐在餐桌旁，饭菜已泛凉，电视里播着一位老人在新年过节孤单地面对一桌子菜看。姥姥不禁有些失落:"唉,现在的人们,都忘了老辈子的传统了,一家人不在一起吃团圆饭,怎么叫新年来了呢?"

突然,电话铃响了,妹妹"腾"地从座位上蹦起来:"过新年了!妈妈你到哪里了?就等你们回来了。"妹妹急切中带着啜泣。

"告诉姥姥姥爷你们先吃,爸妈医院里又来了急诊病人,回不去了,改天再请你们吃团圆饭。听话!"

"嘟——"电话断了,妹妹"哇"的一声哭了。

这样的婚礼真新鲜

孔玉海

刚刚过去的这个寒假里,我参加了一次特别的婚礼。

正月初四,表哥结婚。晚上六点,我们一家准时去新凤凰大酒店赴宴。只见酒店门口,表哥穿着浅灰的西服,和身着洁白婚纱的表嫂子笑吟吟地在迎接着客人的到来。咦,表哥、表嫂怎么一人手上举着一个"心"形的小牌子?上面写着什么呀?走近一看,只见那牌子上写道:"各位亲朋好友,我们的婚礼不收红包,只收祝福,当然,我们以后参加您或您家人婚礼时,也只送祝福,不送红包!"哈哈,我这人称"海龟"的表哥、表嫂,真会"使花招"。我看见爸爸手握红包的手,又插进了口袋,脸上露出了尴尬的笑。

晚宴开始了,服务员端着酒瓶准备斟酒,司仪却突然讲话了:"各位高朋,在这大喜的日子里,你本可以开怀畅饮,一醉方休。但是我受新郎官的委托,郑重提醒你,如果你开着车子来,又必须得开着车子走,那么,请你别饮酒。请在座的各位司机朋友,和我一起说:饮酒不开车,开车不饮酒……"哎呀,天底下哪有这样待客的呀,怎么不让人家喝酒呀!呵呵,我那可怜的老爸,今天只能馋涎欲滴了。

晚宴都进行一大半了,真奇怪,酒桌上怎不见香烟,是不是忘了呀!我那"烟鬼子"爸爸好像烟瘾又上来了,都打哈欠了。正想着,服务员又上菜了,不过这道"菜"很特别,十个红包,一人一个。这里面装的什么呀?主持人又恰到好处地开口了:"各位亲朋好友,抽烟有害健康,所以今天的晚宴我们没有准备香烟,这样,我们晚宴现场的空气就没有了毒雾,在座的各位就不会受一手烟、二手烟的危害。不过,主人并不是想'省'这笔钱,现在各位拿到的,就是新郎新娘赠送给您的五张福利彩票,这是用本打算购买香烟的钱来买的,希望您能中大奖,同时我们每个人也都奉献了一份爱心……"

主持人话还未说完,下面的掌声就响了起来,非常热烈。

这样的婚礼,真新鲜!

"光盘行动"真难

胡 媛

"舌尖上的浪费"很吓人,老师希望我们寒假期间能积极响应"光盘行动",从我做起,争做一个"光盘族"。

我满以为,要做一个"光盘族"很容易,谁知却很难。

那一天，在外地工作的表叔回家，两年未见，爸爸非常高兴，决定在"好月楼"给叔叔摆宴接风洗尘，由于这次家宴只有爷爷、奶奶、我、爸爸、妈妈和表叔六人参加，我建议爸爸一要少点菜，二是点"半份菜"，以确保把菜全部吃光，不产生浪费。可爸爸把头摇得像个拨浪鼓，说那样太不热情了，太不尊重客人了。于是爸爸点了满满一桌子菜，而且全是满份的，虽然我们敞开了肚皮吃，但毕竟容量有限，总不能把肚子撑破吧。结果剩下了许多菜。结完账，爸爸拍拍屁股想走路，我一看急了，忙提出打包，只见爸爸两眼一瞪："吃不掉就拉倒，打什么包，这剩菜谁吃？我们难道穷到了要打包的程度吗？"唉，第一次"光盘行动"就这样失败了。

正月初三，妈妈一个同事的儿子结婚，我们一家三口早早去赴宴。这场婚宴共摆了六十八桌，据说每桌光菜钱就四千八百元，有二十多道菜，这在我们小城，可谓首屈一指。望着无比丰盛的晚宴，再看看只偶尔动动筷子的宾客，我心急如焚，如果这些菜最后不打包，那该造成多大的浪费呀！真是不敢想象。

我决定策划一次特别的"光盘行动"，于是便借主持人邀请宾客上台献唱的机会，拿到了话筒，然后大声说："尊敬的主人，感谢你们全家为我们这些宾客准备的豪华晚宴，可从现人的情况看，将会有许多菜吃不完，甚至无人动筷，因此，我恳请在座的各位嘉宾在晚宴结束后各取所需，把剩菜全部打包带走，希望主人能够同意，让我们一起来做一个'光盘族'……"

全场一时鸦雀无声，我还想接着说下去，只觉得耳朵一阵生疼，一只手用力地把揪我下舞台，另一只手狠狠地夺走话筒，不用说，这一定是我爸爸了……

晚宴结束后，并没有客人好意思将剩菜打包，主人家也没有要求饭店将剩菜打包，看着那些即将被倒入泔水桶的美味佳肴，我难过得掉下了眼泪。第二次"光盘行动"又以失败告终。

唉，要想让人们转变观点咋这么难？不过，我并没有气馁，我将继续努力，宣传"光盘行动"，并身体力行。我坚信有一天，"舌尖上的浪费"在中国一定会消失。

参观生态园

吴 露

梦寐已久的生态园一日游终于来到了。班主任宣布这个消息后，我高兴得一夜没睡好。

一大早，六辆蓝白相间的旅游大巴停在了校园里，六个班，一个班一辆。同学们一个乐得合不拢嘴，迫不及待地奔向车子。每上去一人，班主任就递过一顶黄色旅游帽和一张宣传安全知识的纸片。在班主任再次进行了安全知识辅导后，车子在同学们的欢歌笑语中驶出校门，驶向一百公里外的大海边，驶向美丽的生态园。

到了，终于到了。生态园的员工为了迎接我们的到来，在草地跳起了美丽的"五谷丰登"舞，她们甜美的笑容，奔放的舞姿和身后那别具一格的"五谷丰登"雕像群，组成一幅诗意的图画，让我们仿佛看到了农田、庄稼，仿佛听到了粗犷的号子。这算是我们参观的第一道风景吧。

接着，我们来到了巨大的"生态球"前。这个生态球是由六百六十六片金树叶和十只和平鸽组成的，由四只人类大手托起，寓意世界美丽、生态、环保，象征人们的生活和平、安定。同学们纷纷在"生态球"前合影。

随后，我们又进了"绿水山庄"。这个山庄建在湖心岛上，要想上岛，必须先经过一段数百米长的浮桥，虽然桥两边都安装了防护网，但走在桥上，左右摇摆，上下抖动，许多同学还是吓得哇哇大叫，直冒冷汗。特别是一些女生，几乎是贴着桥面爬过去的，那个花容失色的熊样，人见人笑。进入山庄之后，大家喝米酒，尝小吃，登木塔，赏湖景，留"墨宝"，玩得不亦乐乎。

在动物园，我们不仅看到了许多优美的蝴蝶标本，还第一次目睹了孔雀开屏的壮观场面，那美丽的羽毛，在阳光下散发着耀眼的光芒，令人终生难忘。我最喜爱的是骑马，跨上那头温驯的大马，我仿佛成了一名横扫千军万马的大将军，太过瘾了。

一会儿，就到吃饭时间了，宽阔的餐厅里，整齐地摆着几十张餐桌，听说这些饭菜都是生态园自己生产的。班主任宣布，下午参观生态农场。从生态园发放的简介里，我们知道，生态农场里有各种各样的农作物，有高产大棚蔬菜，有大型养殖场，有农产品加工一条线……我期望下午的参观能尽快开始。

最后一"课"

谭 鑫

由于平时学习方法不对头，加之又不够刻苦，我的成绩一团糟，父母收到老师发来的短信，得知我的分数后，很是着急，脸上整天阴沉沉的。

刚放寒假回来的表哥知道后，主动请缨，说要帮我补课。表哥正在一所名牌大学读书，据说上小学时一开始成绩也不怎么样，但后来不知怎么的，考试分数如芝麻开花——节节高，最后竟成了县中的十强，如愿以偿考上了自己梦寐以求的大学。

于是，表哥成了我的临时老师，我成了表哥的学生。表哥要求我每天早上七点必须准时赶到他家上课，晚上五点才许回家。唉，我的懒觉、我的游戏、我的电视剧……全都泡了汤。

日子在紧张的补课中悄然逝去，整个寒假，除了春节歇了六七天之外，其余的时间全部被表哥强行夺去了。好在我收获不小，许多曾经模棱两可的知识，现在完全掌握了。

转眼已到元宵节，明天，表哥就要返校了，我也要开学了。本以为，这最后一补课，表哥一定会使出什么新花招，比如让我做一些难题什么的。可表哥却一反常态，让我和他一起去登山。真不知表哥葫芦里卖的什么药，我只好硬着头皮，骑上自行车，跟在他身后出发了。

二十多分钟后，我们来到了一座小山丘前，这座小山丘被本地人称为粽子山，三百多米高，前山是斜坡，易于攀登，有小道直通其上；后山却是陡坡，没有现成的路。可表哥却说要从后山上，真让人费解。

好不容易绕到后山，眼前杂草丛生，树枝交织，根本无处下脚。见我一脸悲痛状，表哥狡猾地笑了，说："别急，再找找，我见过有人在半山腰采过药，肯定有路可走。"果不其然，有一处的枯草明显被人踏过，顺着踏痕一路攀上去，虽然要钻树丛，爬陡坡，划破了脸皮，弄脏了衣服，吃尽了苦头，但我们还是征服了小山。

坐在山顶上，表哥说，登山时除了要不怕吃苦，你还要善于去寻找别人走过的路，这样就能少走弯路，减少危险，以最快的速度到达目的地。学习也一样，要善于把别人总结出来的方法拿来为自己所用，以达到事半功倍的效果。今天，带你登山，就是想让你明白这个简单的道理……"

我一下子恍然大悟，表哥这最后一"课"上得太有意思了。

家添"千金"

李 洋

那是今年七月，正是酷热难当的时候，十月怀胎的舅妈快要生了。

临　产

"啊！"舅妈一声尖叫！我们望着她那隆起的肚皮，心中一紧。"快送医院！"外婆有些慌乱，可掩盖不住眉宇间的欣喜。

一家人匆忙涌向了医院……

等　待

"滴滴——"这是医院仪器独有的声音，我们一家人坐在产房外，心中默数着过去了多久。一分钟，两分钟，三分钟……走廊里静得可怕。舅舅额上渗出细密的汗珠，外婆红了眼眶，妈妈不停地换着坐姿，却始终找不到舒服的感觉。

降　临

"呜啊——"我们全都站了起来，医生推开门："是个女孩儿……"下面的话谁也没有注意听，齐刷刷地把目光投向外婆，外婆先是皱了皱眉，继而欣慰地笑道："男女都一样，我们家又多一位千金小姐了，女孩儿才疼奶奶呢！"大家都松了口气。

折　磨

"脑部缺血缺氧！"诊断书上的字令人触目惊心。舅妈哭了。我刚出生的妹妹被护士抱进了高压氧舱，那撕心裂肺般的哭喊让人的心揪得紧紧的。

每次回来时，她身上清晰的针眼都深深刺伤着我们的眼睛，睡觉后，总是看见她的脸憋得通红，然后拼命地咳，直到把吃的奶全部咳出来。

出　院

经过十天的治疗，我们的小宝贝终于出院了，舅舅也在这十天里给孩子想出了名字——"小希"。阳光下，舅妈抱着小希责怪舅舅道："真是的，孩子怎么这么像你啊！一点儿也没继承我的优点。"外公抱过小希，笑眯眯地说："咱们小希的生活，才刚刚开始呢！"

我们都在心里默默地祝愿着小希在爱的哺育下，茁壮成长，然后展翅在天空里自由翱翔，永远快乐！

收　割

丁　丁

　　农家少闲月，五月人倍忙。星期六下午，骄阳似火，枯黄的麦子站立在田野上，一动不动。远处，收割机正在来回驰骋。

　　天气预报说，明天将有中到大雨，而且一连下好几天。可还有一大片麦子没有收呢，天却渐渐黑了下来。爷爷和那些未收割完麦子的人非常着急，他们利用收割机驾驶员中途喝水的片刻，和驾驶员商量，恳请他能开个夜工，帮着把麦子抢收下来。望着十多双渴求的眼睛，机主终于答应了。

　　一转眼已是晚上十点多钟了，收割机终于到了爷爷的麦田中。只见收割机"睁"着两只雪亮的"眼睛"，"吼"着粗沉的"号子"，欢快地向前冲去。打碎的秸秆从尾部被吐出来，成一条直线堆在田垄中间。

　　爷爷点了一支烟，一亮一暗中，爷爷笑眯眯的样子特别好看。围观的左邻右舍们则东一句西一句谈着今年的收成。

　　不一会儿工夫，爷爷的四亩小麦就全部收完了。收割机停到田头。只见爷爷飞快地将一块雨布摊到收割机的出粮口旁，然后将一只蛇皮袋套到收割机的尖嘴上，收割机哗、哗、哗开始吐起麦子来。一袋装满。爷爷一手拧住蛇皮袋的一只角，牙齿一咬，身子一弓，沉甸甸的袋子便被拧到了一旁。而在这一刹那间，李叔已拿着另一只袋子套到机嘴上了。我则用塑料丝扎袋口。一袋又一袋，终于，麦子全都卸完了。收割机又挥起手臂，奔向了下一块田地。

我们的活儿还没有完。因为爷爷还得把这些麦子运回院子里的晒场。不一会儿，专门提供运粮服务的拖拉机来了。爷爷一手拧着袋子上的扎口，一手托着袋底，侧着身子，半弯着膝盖，一使劲儿，沉甸甸的麦袋子便被扔到了车厢里。开车的师傅再一袋袋码好。我则找着空儿帮一下爷爷。

麦子终于装车完毕，拖拉机一路高歌，往家中开去。到了十二点的时候，那些麦子已经堆到了晒场。一场抢收画上了句号。

抢　　收

吴　慧

一连好几天，天气预报都说有时有雷阵雨，可天天都是晴空万里，烈日当头。晚上，隔壁的李爷爷过来对爸爸说："树海，不等了，明天我把麦子补晒一下，你去帮我拉一下。"爸爸一口答应。

李爷爷已经七十多岁了，腿脚行走不太方便，李奶奶长年生病卧床，他们膝下无儿无女，日子过得很艰难，平时有个重活什么的，爸爸总是主动帮忙。今天夏收，由于天气一直不好，李爷爷家的小麦没有完全晒干，想利用伏天再曝晒一下。可天气预报天天说有雷雨，就一直等着。由于爸爸马上要去一个工地做工，李爷爷不想再等了。

第二天一大早，爸爸便拉着板车来到李爷爷家，帮他把一袋袋麦子搬上车，然后再拉到村西头的晒场上，摊晒好。并嘱咐李爷爷，如果天气有变，喊他一声。

中午，天气格外闷热，我家的花狗趴在树荫下，恨不得把舌头全都吐出来，直喘粗气。我们一家人则躺在电风扇下美美地睡起了午觉。

迷迷糊糊中，好像有"轰隆轰隆"的声音传来，难道外面打起了雷，要下雨？我一下地惊醒过来，跑到屋外，只见西南边的天上乌云翻滚，杀气腾腾，不时传来雷声。正当我惊慌失措时，屋子传来父亲的急切的吼声："玉梅（我妈妈的名字），快起来，去帮李伯家收麦子。"那声音响得不得了，把外面的雷声都给盖住了。

只见爸爸光着上身，赤着脚，直往外冲，如离弦之箭，一眨眼的工夫，便不见了踪影。妈妈揉着眼睛，紧随其后，也向远方冲去。我忙关好门窗，唤上花狗，也去帮忙。

只见远处的云墨黑墨黑的，低得不得了，好像一座大山崩塌了似的，贴着地面直向我们这边压来。父亲用翻板发疯般地来回推着麦子，妈妈抡着竹扫帚左右开弓，好像就是一秒钟的时间，一场麦子就被推成了一条长长的垄子。我则抱着塑料篷布，连滚带爬跑向场中央，大家一齐动手，终于把麦子盖好了。

一个响雷在我的头顶上"轰"的一声炸开了，豆大的雨滴打在脸上，生疼。我们忙往家撤，狂风暴雨中，只见一个老头儿跌跌绊绊地往晒场跑，那不是李爷爷吗？原来他才睡醒呀！爸爸一边喊，一边挥手，总算让爷爷弄明白了意思，和我们一起往家赶。

等到冲进家门时，我已经上气不接下气，小心脏差点儿就要蹦出来了，身上里里外外全是雨水。不过值得欣慰的是，李爷爷家的麦子保住了。

放 飞

肖诗韵

今天中午,坐在我后面的一位男同学吃完午饭回教室时,在教学楼边发现了一只小鸟,于是他便将这只拳头般大小的小鸟带回了教室。

这只小鸟全身长满了黄毛,一双黑色的小眼睛转个不停,一张东啄啄西啄啄的嘴小巧玲珑,一对翅膀不停地扇着,好像想立刻飞起来,特别可爱。

有人看着它到处乱啄的样子,就说:"大概饿了吧!"我立即去食堂师傅那儿要来了几粒饭粒放在小鸟面前,孔佳佳也弄来了一点儿豆奶给小鸟喝。只见小鸟先喝了一点儿豆奶,然后飞快地啄着一粒粒饭粒,不到一分钟时间就把饭粒给解决了。

它吃饱喝足了,便在书堆里"漫步",它"漫游"了一会儿,突然停了下来,我们赶紧睁大眼睛,看会发生什么,只见它居然拉出了一点儿屎在书上,气得我那位老兄差点儿将它从楼上扔下去。

接着我们把一本书斜放在另一本书上,让小鸟走,小鸟刚走了一半,滑了下来,我们哈哈大笑。

……

下午第一堂体育课,我们把小鸟放在学校草坪上,并且祝它早日飞上蓝天。

鸟儿唱出动听的歌谣

袁伟胜

这个季节,太阳已显得非常毒辣,成片的麦子泛着金色的波浪,散发出诱人的麦香。几台收割机正在远处挥舞着手臂,快乐前行。

我和母亲躬身在一片油菜地中,手持镰刀,一把一把地收割着成熟的油菜。油菜赶在这个季节成熟,曾经的芬芳黄花已成记忆,一些菜荚已被日光晒得枯黄,你得小心翼翼,要不然,它就会调皮地炸开,那枣红色的菜籽会立刻跳蹦得无影无踪。我们挥汗如水,今天上午必须得帮母亲把这片田收割下来,下午再乘着好天气粗打一遍。这个季节的雨说来就来,有时一下就是好几天,等不得呀。由于父亲突然生病,我的这个星期天看来是要全部支农了,我暗想,将来一定发明一种收油菜籽的机器,到时机器一响,就把活儿全搞定,那多好。

突然,两只柴雀从前面的油菜中飞蹿出来,在我们的头顶盘旋着,哀鸣着。我扒开前面的油菜秆一看,一个很精致的鸟巢搭建在油菜秆上,四只肉滚滚的小鸟挤在一起,这些小家伙刚出世不久,还没睁眼呢!

怎么办?如果割倒前面的油菜,这只鸟巢就只能移到地上,从而暴露无遗,这些小鸟就有可能成为野猫的美味,最终性命不保。

怎么办?

母亲好像看出了我的心思，说："儿呀，把那一片油菜留下来吧，损失一点儿菜籽不要紧，伤害了四条生命那可有罪哎。"

我向母亲伸出大拇指，绕过有鸟巢的这片油菜，继续往前收割。那两只柴雀好像看懂了我们的用意，不再哀鸣，而是欢快地歌唱着，像是夸奖我们呢。大大的一片田地上，最后只剩下一只方桌大的油菜站立在那儿，显得很落寞。但在这方已熟透的油菜中，却不时传来一家六口幸福的歌声。听着这鸟语，我的心暖融融的。

真心期盼这些小鸟，快快长大，自由飞翔，唱出更动听的歌谣。更期盼着我们人类与动物之间，能多些这样的体谅和帮助，多"演奏"些这样的和谐之歌。

当我面对人类的时候

陆慧敏

"该不该搁下重重的壳/寻找到底哪里有蓝天/随着轻轻的风轻轻地飘/历经的伤都不感觉疼/我要一步一步往上爬/等待阳光静静看着它的脸……"

我就是周杰伦歌声中那只蜗牛，名叫窝窝。我一直认为自己很有头脑，因为我知道自己并不是一只牛，牛那家伙实在大得吓人，我们菜园里最大的一棵白菜也不如它的头大！

我现在住在菜园里一棵水灵灵的大白菜上，白天躲在菜叶背面睡大觉，晚上才出来活动筋骨，当早上太阳出来时，我就赶快往回爬。

然而这样的日子实在是太单调了，不知外面的世界怎样？经过几天几夜的思考，我做出了一个惊人的决定：我要爬出这棵白菜，爬出这片菜园，到外面看一看，闯一闯！左邻右舍都劝我别去，都说外面的世界危机重重。但我是一只志向远大的蜗牛，"燕雀安知鸿鹄之志"，什么也动摇不了我的决心。

带着梦想，带着希望，我在月朗星稀的那个晚上出发了。经过三夜的跋涉，我就爬出了这片菜园，这真是一个了不起的成就！又经过一夜的跋涉，我顺利地到了菜园外的一块大石头上。在大石头的一个背光处，我闭上眼睛，将身子缩进壳内，打算休息一会儿。

忽然，我感到周围有一种奇怪的声音，巨大的黑影笼罩过来，我轻轻地将身子钻出壳外，只见三个庞然大物围着我，在谈论什么。他们两只眼睛，圆圆的脑袋，两只胳膊两条腿，啊，这不是传说中的人吗？他们应该是小男孩儿，他们想要干什么呢？

忽然，他们蹲下身子，一个男孩儿用手捏着我的壳，将我往上提。在一片眩晕中，我发现自己已经来到了另外一块平坦的大石头上。我将头伸出来左右望了望，发现我的左右两侧都各有一只我的同类，我想问问他们怎么回事，一股强大的力量将我们往前推了推，旁边的三个男孩儿在大声地叫着什么，但见我们无动于衷，他们脸上顿时流露出失望。又一股强大的力量将我们向前推了推，我已经有点儿明白了，他们是把我当玩具玩！我倍感耻辱，于是在原地不动，而另一个同伴却在慢慢向前爬行，一个男孩儿脸上顿时洋溢着笑容，而另外两个男孩儿脸色立即变得惨白。两根粉红色的"棒子"又将我和没动的同伴向前推了推，那没动的同伴也开始向前爬，我对他感到失望，也为自己自豪。这时，一股强大的力量将我提了起来，随即又将我甩向了地面，还未等我反应过来，一个椭圆形的黑影狠狠扑向了我，只听"啪！"的一声，我立即被踩得粉身碎骨，都化成了一摊水，渐渐地被灼热的阳光烤干……

流泪的狗尾草

"小小的天有大大的梦想/重重的壳裹着轻轻地仰望/我要一步一步往上爬/在最高点乘着叶片往前飞/小小的天 流过的泪和汗/总有一天我有属于我的天……"

周杰伦的歌声还在，可是我的希望，我的梦想，已经烟消云散。

在强大的人类面前，我是如此渺小，不堪一击。我们这些小动物是该强大自己，还是人类能变得"弱小"一些？